인정욕구

인정 욕구

————— thymos

관심과 칭찬에 집착하는
욕망의 심리학

에노모토 히로아키 지음
김지선 옮김

FIKA

'인정받고 싶다.'

'상사에게 일 잘한다는 평가를 받고 싶다.'

'그 사람에게 내가 특별한 존재였으면 좋겠다.'

'사람들에게 좋은 사람으로 보이고 싶다.'

'나라는 사람을 더 알고 싶다.'

이렇게 생각하는 사람은 비단 여러분만이 아닐 것입

니다. 여러분 주변에도 이런 사람이 있지 않나요?

이 책에서 다룰 사람들은 인정욕구에 휘둘린 나머지 '인정욕구가 낳은 괴물', '인정중독에 빠진 사람들'입니다. 그리고 여러분도 스스로 자각하지 못한 사이에 그런 사람이 되어 있을지도 모르지요.

우리는 언제나 인정받고 싶습니다. 인정욕구 없이 살 수도 없습니다. 이렇게 괴로워할 바에야 차라리 인정욕구를 내려놓는 편이 나을까요? 아니요, 절대 그렇지 않습니다. 문제는 인정욕구를 '어떻게 없애느냐'가 아니라 '어떻게 다루느냐'입니다. 방법을 살짝 바꿔서 현명하게 다루면, 인정욕구는 우리 삶에서 강력한 아군이 되어줍니다. 지금부터 인정욕구에 휘둘리지 말고, 인정중독에 빠지지 말고 진정한 나를 찾아 떠나볼까요?

목
차

직장이나 가정에서
자신을 억누르는 사람

무심코 호언장담하여
자신을 궁지로 몰아넣는 사람

SNS로 인정욕구를
채우려는 사람

싫다고
말 못 하는 사람

다른 사람들의
단점을 뜯어보는 사람

자신이 쌓은
공을 티 내려는 사람

서먹함을 피하고자
호의를 베푸는 사람

1장

인정욕구는
채워야 하는 것

인정욕구에서 비롯된 행동은 나쁜 것일까?

결론부터 말씀드리겠습니다. 이 책의 제목은 '인정욕구'지만, 인정욕구 자체는 절대 나쁜 것이 아닙니다. 인정욕구는 누구에게나 존재하며, 우리는 어릴 때부터 인정욕구를 채우기 위해 부단히 노력해왔습니다.

인정욕구는 성장의 원동력이 됩니다. 예를 들어, 이제 막 걷기 시작할 무렵에는 걸음을 떼기가 무섭게 넘어지고 맙니다. 하지만 부모님에게 "어머! 잘 걷네!"라는

인정욕구는 채워야 하는 것

칭찬을 들으면 아이는 언제 울었느냐는 듯 웃습니다. 칭찬을 들은 아이는 넘어져 얼굴에 상처가 나서 아플 텐데도 아랑곳하지 않고 도전합니다. 이렇게 어린아이들도 성장욕구나 인정욕구에 이끌려 걷다가 넘어지기를 몇 번이나 반복하고, '와! 나 걸었어!'라고 말하는 듯한 얼굴로 웃으며 부모님을 봅니다.

철봉 거꾸로 매달리기에 성공하면 "이것 좀 봐!" 하고 소리치며 거꾸로 매달려서는 의기양양한 표정을 짓습니다. 저만 해도 어렸을 때 동아리 활동이 끝나고 학교에 혼자 남아서 철봉 거꾸로 매달리기를 연습하다가, 지나가던 선생님께 "잘하고 있네"라는 칭찬을 들으면 집에 가려고 마음먹었던 것이 무색할 정도로 더 열심히 연습하고는 했지요.

우리는 이렇듯 '인정'받고자 여러 방면에서 도전하고, 노력하고, 그렇게 성장해왔습니다. 학교에서는 좋은 성적을 거둬서 칭찬받겠다는 일념으로 더 열심히 공부합니다. 물론 성적이 오르는 기쁨이나 모르는 것을 깨달 았을 때의 희열이 공부의 원동력이 되기도 하지만, '선 생님에게 칭찬받고 싶다', '부모님에게 칭찬받고 싶다' 라는 생각에 힘을 내기도 하지요.

사회에 나오면 또 어떤가요? 회사에 입사하면 '주변 사람들에게 유능한 사람으로 보이고 싶다', '상사나 선 배에게 인정받고 싶다'라는 마음으로 노력합니다. 업무 에 익숙해지면 성장욕구가 채워지고, 더 노력하려는 마 음이 생기기도 하지만 '얼른 한 사람 몫을 해내서 인정 받고 싶다'라는 욕심이 업무 역량 성장에 촉진제 역할을 하는 건 분명합니다.

이렇듯 인정욕구에서 비롯된 행동은 절대 나쁜 것이 아닙니다. 성장하기 위해서는 오히려 인정욕구가 꼭 필 요합니다.

욕구는
채워야 하는 것

우리 사회가 가지는 잘못된 시선이 있습니다. '욕구에 눈이 멀다', '욕망에 굴복하다'와 같은 표현이나 '금욕'이라는 단어에서 알 수 있듯이 욕구는 바람직하지 않은 것으로 보고, 욕구를 억누르고 극복해야 훌륭한 사람이 될 수 있다는 고정관념이 바로 그것입니다. 하지만 미국의 심리학자 에이브러햄 매슬로Abraham Maslow는 "욕구는 절대 나쁜 심리가 아니며, 억누르지 말고 채워야 한다"고 말합니다. 그리고 다음과 같은 성질을 지닌 욕구는 살아가는 데 필요한 기본적 욕구로, 이 욕구가 결핍되면 사람은 그 결핍을 채우고자 노력한다고 봅니다.

- 욕구가 채워지지 않는 사람은 그것에 대한 만족을 끊임없이 갈구한다.
- 사람은 욕구가 채워지지 않으면 병들고 쇠약해진다.
- 결핍에서 오는 병은 욕구를 채워주면 나을 수 있다.
- 끊임없이 욕구를 채워주면 결핍에서 오는 병을 예방할 수 있다.
- 건강한 사람은 결핍이 없다.

매슬로는 인간이 건강하게 살아가는 데 채워야 할 기본적 욕구로 '생리적 욕구', '안전욕구', '소속과 애정의 욕구', '인정과 존중의 욕구'를 들었습니다. 이 네 가지 기본적 욕구 사이에는 계층 구조가 있다고 가정합니다. 아래층으로 갈수록 저차원적인 욕구인 동시에 가장 먼

인정욕구는 채워야 하는 것

저 채워야 하는 욕구로 봅니다.

하위 욕구가 어느 정도 채워지면 그 위에 있는 욕구가 인간을 자극합니다. 채워지지 않은 욕구가 인간을 부추길 뿐, 이미 채워진 욕구는 더 이상 인간을 움직이지 못합니다. 이것이 그 유명한 매슬로의 '욕구 계층설'입니다. 아마 여러분도 많이 접해보셨겠지요.

욕구 계층설에서는 다섯 가지 욕구가 계층 구조를 이루고 있는데, 1단계부터 4단계까지의 기본적 욕구가 그럭저럭 채워지면 가장 위에 있는 '자아실현의 욕구'가 등장합니다. 기본적 욕구 네 가지는 결핍이 인간을 부추기지만(소속 집단이 없으면 소속 집단을 갈망하고, 인정받지 못하면 더더욱 인정을 갈구하는 것처럼), 자아실현의 욕구는 결핍이 없어지면 꿈틀대기 시작하여 인간을 새롭게 성장하도록 합니다.

그도 그럴 것이 생리적 욕구가 채워지지 않을 때는 타인에게 존경받기를 원하기보다는 먹고살 식량을 갈구

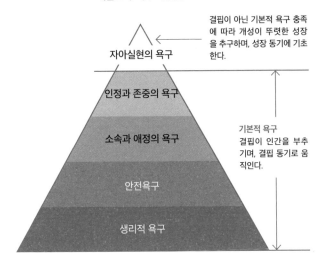

매슬로의 '욕구 계층설'

자아실현의 욕구

← 결핍이 아닌 기본적 욕구 충족에 따라 개성이 뚜렷한 성장을 추구하며, 성장 동기에 기초한다.

인정과 존중의 욕구

소속과 애정의 욕구

안전욕구

생리적 욕구

기본적 욕구
결핍이 인간을 부추기며, 결핍 동기로 움직인다.

할 것이고, 벼랑 끝으로 몰리는 상황에서는 무엇이라도 훔쳐서 배를 채우는 게 가장 중요하게 됩니다. 그렇게 하위 욕구가 채워지면 그다음 단계의 상위 욕구가 수면 위로 떠오릅니다.

예를 들어, 화가가 한 명 있다고 가정해볼까요? 가난해서 먹고살 형편도 되지 않는다면 우선은 잘 팔리는 그

인정욕구는 채워야 하는 것

림을 그려야 합니다. 그림이 팔리지 않으면 먹고살 수 없으며, 안정된 생활도 할 수 없겠지요. 그래서 생리적 욕구와 안전욕구에 쫓겨 그림을 그립니다. 자신이 그리고 싶은 그림이 아닌 대중이 원하는 그림을 그리는 것입니다.

만약 이 화가가 경제적으로 안정된 생활을 누리고 있고, 친한 동료도 있다면 더는 생리적 욕구나 소속과 애정의 욕구에 쫓길 필요가 없으니 인정과 존중의 욕구가 이끄는 대로 움직일 테지요. 그러면 잘 팔리는 그림을 그리는 것만으로는 만족하지 않고, 전문가에게 좋은 평가를 받을 만한 그림을 그리고 싶어 할 것입니다. 그래서 전람회 입상을 목표로 하는 그림이나 사람들에게 예술적인 평가를 받을 수 있는 그림을 그립니다. 즉, 오로지 '사람들에게 인정받느냐 마느냐'에 중점을 두고 그림을 그리는 것입니다.

기본적 욕구를 완벽하게 채우기는 어렵습니다. 기본

적 욕구가 어느 정도만 채워져도 자아실현의 욕구가 고개를 듭니다. 전문가들에게 좋은 평가를 얻어 자신감이 붙은 화가는 이미 기본적 욕구가 채워져 있으므로 마음속 깊은 곳에서 끓어오르는 영감을 마음껏 그려내고자 하는 자아실현의 욕구에 이끌리게 됩니다.

그리고 이 단계에 접어들면 인기를 끌어 수입을 얻을 수 있는지, 전문가에게 높은 평가를 받을 수 있는지는 그리 중요해지지 않게 됩니다. 더는 기본적 욕구에 쫓기지 않지요.

'마음속에서 끓어오르는 영감을 표현하고 싶다.'

'내가 느낀 감동을 다른 사람들과도 나누고 싶다.'

'무언가를 가지고자 그림을 그리는 것이 아니라, 이미 충만해진 나의 내면을 표현하고 싶다.'

'주변 사람들에게 무언가를 선물하고 싶다.'

인정욕구는 채워야 하는 것

이러한 욕구에 따라 그림을 그리게 됩니다. 그래서 주변 반응에 흔들리는 일 없이 스스로가 그리고자 하는 그림을 그리게 되는 것입니다.

'나를 표현하고 싶다', '감동을 전하고 싶다', '나의 능력이 어딘가에 도움이 되었으면 좋겠다', '다른 사람이 기뻐했으면 좋겠다', '행복해졌으면 좋겠다', '애정을 쏟고 싶다', '인정해주고 싶다', '성장하고 싶다', '성숙해지고 싶다'라는 소망은 자아실현의 욕구에 이끌리고 있다는 증거입니다.

이 책은 네 가지 기본적 욕구 중 가장 높은 곳에 자리 잡고 있고, 자아실현의 욕구의 전 단계라 할 수 있는 '인정과 존중의 욕구'에서 특히 '인정욕구'에 대해 이야기합니다. 인정욕구를 조금 더 자세하게 살펴보기 전에 '매슬로의 욕구 계층설'에 있는 각 욕구들을 살펴보겠습니다.

인간의 기본적 욕구

① 생리적 욕구

매슬로의 욕구 계층설에서 가장 낮은 곳에 자리하고 있는 욕구는 생리적 욕구입니다. 생리적 욕구란 말 그대로 배고픔을 없애려는 식욕, 갈증을 해소하려는 수분 보충 욕구, 피로를 풀려는 휴식이나 수면 욕구 등 생명을 유지하는 데 필요한 욕구가 중심이 되며, 성욕이나

인정욕구는 채워야 하는 것

자극의 욕구, 활동욕구 등도 포함합니다.

가진 것 없는 사람에게 생리적 욕구는 무엇보다도 우선되어야 할 동기가 됩니다. 따라서 굶주림에 허덕이는 사람에게는 배를 채우는 일이 무엇보다도 시급한 과제이지요. 이런 경우에는 솔직히 자유를 얻는 일이나 연인을 만드는 일, 자존심을 챙기는 일은 안중에도 없습니다.

상위 욕구를 채우는 데 번번이 실패하면 퇴행이 진행되어 하위 욕구를 채우는 것으로 만족하게 됩니다. 인정욕구나 소속과 애정의 욕구가 채워지지 않는 경우에 식욕이나 성욕에 집착하고 사로잡히는 게 하나의 예라고 할 수 있습니다. 식욕이나 성욕으로 에너지를 얻을 수도 있지만, 이렇듯 하위 욕구에 고착되면 상위 욕구가 발달하지 않으며 성장이 멈춥니다.

만약 마음을 나눌 수 있는 친구나 애정을 쏟을 수 있는 연인이 생기면 생리적 욕구에서 해방될지도 모릅

니다. 일하면서 자신감이 생기면 생리적 욕구에 대한
의존도도 자연스럽게 낮아집니다.

② 안전욕구

생리적 욕구가 어느 정도 채워지면 안전욕구가 슬그
머니 고개를 듭니다. 안전욕구란 신체의 안전이나 생활
의 안정을 원하는 욕구, 공포나 불안을 피하고자 하는
욕구, 혼란스럽지 않고 질서 잡힌 환경을 원하는 욕구를
가리킵니다. 구체적으로는 생활의 안정을 얻고 병, 사
고, 재해, 범죄, 치안의 불안을 피하려는 것이지요.

우리나라처럼 자원이 풍부하고 평화로운 사회에서
야수 또는 폭력배에게 습격을 당하거나 범죄에 휘말
리는 일은 극히 희박합니다. 물론 예상치 못한 천재
지변이 일어나고 전국에서 교통사고도 끊이지 않지만

전쟁이나 공황이 터지는 등 신변의 안전이 위협받는 일은 없습니다.

그러나 이러한 극적인 사건만으로 생활의 안전과 안정이 위협받는 것은 아닙니다. 예를 들어, 은행 예금보다 몇 배는 더 벌 수 있다는 말을 듣고 낯선 투자 상품에 손을 댔다가 낭패를 본 사람들이 부지기수입니다. 안전욕구는 이런 위험에서 벗어나게 해줍니다.

어느 회사나 도산할 가능성은 있습니다. 회사 방침을 따를 수 없어 그만두는 일도 일어나지 않으리라는 보장이 없습니다. 상사의 말에 반기를 들어서 해고를 당할 수도 있고, 병에 걸려 당분간 돈을 벌지 못할 수도 있습니다. 이처럼 만일의 경우를 고려하여 저축하거나 보험에 드는 것입니다. 덕분에 우리는 안심하고 하루하루를 보낼 수 있지요.

③ 소속과 애정의 욕구

안전욕구가 채워진 다음에는 소속과 애정의 욕구와 맞닥뜨리게 됩니다. 소속과 애정의 욕구란 친구나 연인, 배우자, 소속 집단을 원하는 욕구입니다. 매슬로는 생리적 욕구나 안전욕구가 채워지면 이전과는 달리 친구나 연인, 배우자, 아이가 없는 외로움을 절실히 느끼게 된다고 말합니다. 그리고 애정이 넘치는 관계를 목말라하며, 가족이나 동료, 직장처럼 머물 곳이 되어주는 소속 집단을 찾게 됩니다. 그러기 위해 우리는 온갖 노력을 합니다.

오늘날 도시에서는 일평생 이웃과 더불어 살아가는 일이 거의 없습니다. 옆집 사람과 말 한마디 나눠보지 않은 사람도 많을 것입니다. 부모님의 이직이나 내 집 마련에 따른 이사로 전학을 가거나 친구들과 뿔뿔이 흩어지기도 합니다.

인정욕구는 채워야 하는 것

이렇게 이동이 잦은 사회에는 고독이 만연해 있습니다. 뿌리 없는 나무처럼 기댈 곳 없음을 느끼면 편안히 쉴 수 있는 곳에서 안정을 찾고 싶다는 마음이 솟구치지요. 이렇듯 타인과의 교류나 머물 곳이 되어주는 소속 집단을 원하는 것도 소속과 애정의 욕구에 기반을 둔 행동이라고 할 수 있습니다.

인간관계로부터 완전하게 자유로운 사람이 얼마나 될까요? 특히 사회생활 경험이 적은 친구들이나 사람을 만나 관계를 맺는 것 자체에 어려움을 갖는 이들은 이 문제로 큰 스트레스를 받기도 합니다. 분위기를 깨지 않으려고 가벼운 이야기로 대화를 이끌어가느라 좀처럼 속내를 드러내지 못하는 사람도 있지요. 귀가 후, 늦은 밤에 혼자 있을 때면 '내가 지금 뭐하고 있는 거지?'라며 고독감과 소외감에 괴로워하기도 합니다.

우리는 주변 사람들에게 억지로 맞춰가면서까지 어디라도 집단에 속하기를 원하고, 특정한 무리에 들고 싶어 합니다. 애쓰면서 무리를 찾지만, 어쩐지 우리는 그만큼 외롭고 고독해집니다. 악순환으로 그러면 그럴수록 우리는 소속과 애정의 욕구에 더욱 사로잡히는 것이지요.

④ 인정과 존중의 욕구

소속과 애정의 욕구가 채워지면, 드디어 인정과 존중의 욕구가 모습을 드러냅니다. 인정과 존중의 욕구란 타인에게 인정받고 싶다는 마음, 좋은 평가를 받고 싶다는 마음, 더 나아가 그 결과물로 자존감을 높이고자 하는 욕구입니다.

인정과 존중의 욕구에는 두 가지 종류가 있습니다. 하나는 명성, 평판, 사회적 지위 등으로 타인에게 인정 또는 존경을 받고자 하는 욕구이며, 또 다른 하나는 강

인정욕구는 채워야 하는 것

인함, 성취감, 성숙함, 자존심 등 스스로 자존감을 높이고자 하는 욕구입니다. 진정한 의미로 자신감을 느끼는 것, 즉 자존감을 갖는 것은 인간에게 가장 중요한 과제입니다.

타인에게 인정받고자 하는 마음은 누구에게나 있습니다. 그러나 사람들의 평가에 민감하게 반응하다 보면 남의 눈치를 보거나 상대방의 반응에 일희일비하는 등 마음이 롤러코스터를 타지요. 결코 평온하게 살아갈 수 없습니다.

기대한 만큼 반응을 얻지 못하면 '나는 안 되는구나'라는 생각에 우울해지고, '왜 나를 인정해주지 않는 거지?', '칭찬 한 번 해주는 게 뭐가 그렇게 어렵다고!'라며 삐뚤어진 마음을 갖게 됩니다. 타인의 시선을 의식하다 보니 자유롭게 행동하지 못한다는 사람도 적지 않습니다.

자신을 과대 포장해서 내보이는 사람도 마찬가지입

니다. 인정과 존중의 욕구에 이끌리지만, 자신감이 없으니 허세를 부려서라도 남들에게 인정받고자 하는 것입니다.

이처럼 매슬로의 욕구 계층설을 기초로 생각해 보면 현대인의 심리 상태나 행동 패턴이 손에 잡힐 듯 와닿습니다. 주변에 한 명쯤은 있는 누군가가 떠오르기도 합니다.

기본적 욕구가 충분히 채워지지 않으면 인간은 자제력을 잃고 충동의 노예가 됩니다. 생리적 욕구나 안전 욕구는 노력하면 그럭저럭 채울 수 있지만, 소속과 애정의 욕구나 인정과 존중의 욕구는 내가 노력한다고 해도 채우는 게 쉽지 않습니다. 그렇기에 자신을 사랑해 줄 사람이나 자신이 소속될 집단을 찾고, 인정을 갈구하는 것입니다.

인정욕구는 채워야 하는 것

문제행동의 이면에도
인정욕구가 있다

속으로는 '이런 건 하기 싫은데', '하면 안 되는데'라고 생각하면서도 상대방에게 인정받고 싶어서 했던 일이 있나요? 주변에서 쉽게 찾아볼 수 있는 장면이지요. 어쩌면 당신은 오늘 아침에도 그랬을지 모릅니다.

예전에 체계적인 예절교육을 받아 인성이 남다른 소년을 만난 적이 있었습니다. 문구점에서 학용품을 훔쳐대던 친구들이 "담력 훈련 같은 것이니 같이 해보자"라며 바람을 넣었지만, 소년은 한사코 거절했습니다. 친구들도 소년의 엄격한 집안 분위기를 익히 알고 있어서 더 이상 강요하지 않았습니다. 하지만 소년은 왠지 그 무리에서 외톨이가 된 듯 소외감이 들었습니다. 친구들이 자신만 빼고 몰려다니는 걸 보다가 소년도 결국 도둑질의 세계에 발을 디디게 되었지요.

절대 해서는 안 된다는 걸 알고 있었기에 내적 갈등도 심하게 겪었지만, 이로써 '진정한 친구로 거듭났다', '친구들에게 인정받았다'라는 감정이 복받쳐 올랐다고 합니다. 주변 친구들에게 인정받고자 하는 마음은 이렇게나 간절합니다. 특히 아직 미성숙한 청소년기 아이들에겐 더욱 그러하지요.

이런 모습은 집단 괴롭힘에서도 흔히 볼 수 있습니다. 주변에서는 '늘 착실해서 문제 될 만한 행동을 저지를 아이가 아닌데, 왜 집단 괴롭힘에 가담했을까?' 하고 희한하게 생각하기도 합니다. 이런 경우는 평소 억눌렸던

　　　　　　　　　　인정욕구는 채워야 하는 것

스트레스가 폭발해서일 수도 있지만, 친구들에게 인정받고 싶다는 마음이 동기로 작용할 때도 많습니다.

앞서 언급한 소년도 같이 어울리는 친구들에게 무리의 일원으로 인정받고 싶은 나머지, 해서는 안 된다는 걸 스스로 인지하면서도 도둑질을 한 것입니다. 즉, 소속욕구와 인정욕구에 흔들려 저지른 행동이라고 할 수 있지요. 이렇듯 소속욕구와 인정욕구는 서로 얽히고설켜서 인간을 신념과 다른 방향으로 부추기는 경우가 많습니다.

'친구를 만들고 싶다. 무리에 끼고 싶다. 그룹에 들어가 소속감을 느끼고 싶다. 그러니 나를 친구로 인정해 줬으면 좋겠다'라는 생각에 지배되다 보니 남들이 자신을 어떻게 바라보는지 신경이 쓰여 견딜 수 없습니다. 이러한 마음은 누구에게나 있습니다. 이 책을 읽고 있는 여러분도 예외는 아니겠지요.

사랑받고 싶다는
마음이 강한 시대

인정욕구에 휘둘리는 사람은 결코 아이들만이 아닙니다. 성인도 타인의 시선을 기준으로 삼아 자신의 태도나 행동을 결정하는 경우가 많습니다. 물론 누가 뭐라고 하든 자신이 옳다고 생각한 것은 끝까지 믿고 가는 사람도 있습니다. 하지만 누군가는 어떻게 살아가야 할지 미처 정하지 못하기도 하고, 자신만의 '인생의 나침반'을 발견하지 못하기도 합니다.

인정욕구는 채워야 하는 것

이래야 한다는 기준이 없으니 다들 어떻게 해야 할지 모르겠다는 불안감을 느끼는 것이지요. 그래서 세상이 나름 정해둔 기준이나 타인의 시선을 잣대로 어떻게 해야 할지를 판단하고, 자신의 생각이나 행동이 타당한지를 평가하게 됩니다. 상대방이 호의적인 언행이나 태도를 보이면 자신의 방식이 옳았다는 자신감이 생기지요. 이렇듯 자신의 타당성을 판단하는 기준이 자신의 절대적 기준이 아니라 타인의 인정 여부가 되는 것입니다.

예를 들어, 이제 막 중학생이 된 아이가 친구 집에 놀러 가면서 자고 오겠다는 말을 꺼냈다고 합시다. 외박은 아이의 친구 가족에게 민폐가 될 수도 있고, 아직 중학생인데 벌써 외박을 허락하면 안 된다는 생각에 아이를 타이릅니다.

"넌 아직 중학생이잖아. 친구 부모님께도 민폐야. 안 돼."

그러자 아이가 대답합니다.

"○○이 어머니가 괜찮으시대. 걱정하지 말라고 하시는데?"

이렇게 되면 "감사하긴 한데, 아직 중학생이니 벌써 외박하는 건 안 돼. 그건 우리 집 규칙이잖아. 놀다 오는 건 허락해줄 테니까 밤 9시에는 와"라고 딱 잘라 말하기가 힘듭니다. 아무래도 아이의 눈치를 보면서 양보하게 되지요. 이렇듯 아이에게 미움받기 싫고, 앞뒤가 꽉 막힌 어른이자 부모처럼 보이고 싶지 않아 져주는 부모들이 늘고 있다고 합니다.

직장에서도 비슷한 풍조가 매우 심해지고 있습니다. 대체로 후배가 상사를 신경 쓰고 눈치를 보지만, 최근에는 후배가 어렵다는 이유로 하고 싶은 말을 하지 못하는 상사도 아주 많습니다. 특히 '꼰대'라는 말이 일상화

인정욕구는 채워야 하는 것

되면서, '꼰대가 되고 싶지 않은 상사'들은 후배에게 업무에 대해 충고를 하는 것도 혹시 꼰대처럼 보일까 봐 하지 않는 경우가 많다고 합니다. 아직 업무 처리가 매끄럽지 못한 후배에게 부족한 부분을 지적하거나 개선해야 할 점을 조언해주는 것은 상사로서 마땅히 해야 할 일이지요. 상사가 잘 가르쳐야 후배가 제 역할을 다할 수 있는 법인데, 요즘은 그렇지 못한 상사가 늘고 있습니다.

상사가 업무 실수에 대해 주의를 주면 후배의 얼굴이 붉으락푸르락 달아오릅니다. 상사의 조언을 들은 후배는 자신의 존재 자체를 부정당한 듯 감정적으로 반응하며 엉뚱한 반론을 폅니다. 이런 경우를 심심찮게 볼 수 있지요. 모두 그런 건 아니지만 많은 이들이 자신의 부족한 점을 객관적으로 지적당하거나 건강하게 충고를 받는 일에 익숙하지 않고, 자신이 인정받지 못하는 상황을 버텨낼 능력이 없기 때문입니다.

그 자리에서는 적극적으로 반발하지 않고 "알겠습니다"라고 대답하지만, "완전 꼰대"라며 자신이 없는 자리에서 험담한 사실을 알고 난 후로는 이것저것 조언해 주고 싶은 마음이 식었다는 사람도 적지 않습니다.

'후배에게 꼰대 소리를 듣더라도 기대에 부응할 수 있는 인재로 키워주는 것이 상사의 역할이고, 후배도 언젠가는 이런 내 마음을 충분히 이해해 주겠지'라며 애써 자신을 달래보지만, 아무래도 말을 꺼내기가 쉽지 않습니다. 결국 후배에게 미움받기 싫고 좋은 상사이고 싶은 것이지요.

인정욕구에는 이렇게 긍정적인 평가를 받고 싶다는 심리뿐만 아니라 비판이나 거부처럼 부정적인 평가를 받고 싶지 않다는 심리도 포함합니다. 이는 미움받기 싫다는 심리로도 연결됩니다. 이러한 심리가 만연하는 현상은 독일의 정신분석학자 에리히 프롬[Erich Fromm]이 주장한 '시장지향적 성격'이라는 개념으로 설명할 수 있습

인정욕구는 채워야 하는 것

니다.

시장지향적 성격이란 상품이 시장에 유통될 때 그 가치가 교환가치에 따라 결정되듯이 자신의 가치도 인기에 따라 결정된다고 생각하는 성격 유형입니다. 프롬은 시장경제의 원리가 개인의 인간적 가치에까지 영향력을 발휘한다고 주장합니다. 시장경제가 발전함에 따라 물건의 가치는 물건이 얼마나 유용한가 하는 '사용가치'가 아닌 물건이 얼마에 팔리는가 하는 '교환가치'로 정해지게 되었습니다.

교환가치는 사람들이 필요로 하는 정도, 즉 인기에 따라 결정됩니다. 이러한 시장경제 체제에 잠식되면서 우리 인간의 가치도 어떤 능력이 있고, 어떤 인격을 지니고 있는지와 같은 실질적인 측면보다는 타인에게 인정받을 수 있는지, 상대방에게 호감을 얻을 수 있는지가 중요한 기준으로 떠올랐습니다. 그래서 사람들은 마치 인기 상품처럼 타인에게 인정받고 사랑받기를 바라게 된 것입니다.

시장경제의 원리는 우리 생활에 깊숙이 침투하여 이제는 누구나 프롬이 주장한 시장지향적 성격으로 굳어지고, 타인의 시선에 민감해졌습니다. 하지만 서양과 동양은 문화 때문인지 약간의 차이는 보입니다. 서양에서는 부모나 상사도 권력자로 당당히 군림합니다. 과거 권력자가 필요 이상의 힘을 갖고 있던 서양은 시장지향적 성격에 따라 현재는 적당히 느슨해진 느낌이 듭니다.

반면 원래부터 타인의 시선을 과도하게 신경 쓰고, 부모나 상사가 강력한 권력자가 아니었던 동양에서는 시장지향적 성격이 침투하면서 부모나 상사도 상대방의 눈치를 보기 바빠 소신껏 행동하기가 어려워졌습니다. 이렇듯 현대인들에게 인정욕구가 강하게 얽혀 있는 모습을 볼 수 있습니다.

인정욕구는 채워야 하는 것

인정중독에
빠진 사람들

이처럼 인정욕구는 인간의 기본적 욕구로서 꼭 채워져야 하지만, 최근에는 '인정욕구가 낳은 괴물'이라는 말도 있듯 인정욕구를 좋지 않은 개념으로 보는 경향도 있습니다. 도대체 왜일까요?

SNS가 발달하면서 자기애 과잉이 심해지고, 인정욕구를 채우는 방법에 변화가 생긴 점이 원인 중 하나라고 볼 수 있습니다. 트위터나 블로그에 글을 쓰면 수많은 댓글이 달립니다. 페이스북이나 인스타그램에 사진을 올리면 다양한 반응이 쏟아집니다. '좋아요'를 받고, 리트윗되고, 댓글이 달리면 인정욕구가 채워집니다.

많은 사람에게 주목받을 수 있는 도구가 탄생하면서 '주목'받고자 하는 마음은 더 커졌습니다. 이른바 '자기애'가 과도하게 자극받게 된 것이지요. 여기서 중요한 점은 주목받고 싶다는 마음 자체는 절대 나쁘지 않다는 것입니다. 프로 야구 선수나 프로 축구 선수, 올림픽에서 좋은 성적을 내는 선수들도 대부분 주목받고 싶은 마음으로 노력할 테니까요. 문제는 인정욕구를 SNS로 안이하게 채우려고 한다는 점입니다.

예를 들어, 스포츠 분야에서는 인정욕구를 채우기 위해서 피땀 흘려 연습하고, 긴 시간을 투자하며 노력합니다. 들인 노력에 비해 좀처럼 성과가 나타나지 않는 상황에서는 좌절하기도 하지만 그럼에도 다시 일어나 부지런히 노력하고, 죽을힘을 다해 극복해야 인정욕구를 채울 가능성이 보이기 시작합니다. 이렇게 고난의 길을 걸을 각오가 되어 있어야 합니다. 우리가 스포츠 경기를 보고 감동하는 이유가 바로 이 때문이겠지요.

공부나 일도 마찬가지입니다. 인정욕구를 채우려면 꾸준히 노력하여 힘을 길러야 합니다. 아무리 힘을 쏟아도 경쟁자가 더 앞서 나간다면 자신이 해온 노력은 쉽게 열매를 맺지 못할뿐더러 인정욕구도 채울 수 없습니다.

이제 SNS를 떠올려볼까요? 우리는 SNS에 문득 떠오른 생각을 끄적이거나, 마음에 든 풍경이나 동물 사진, 셀카를 올려서 받은 '좋아요'로 인정욕구를 채우려고 합니다. 물론 이게 나쁘다는 건 아닙니다. 하지만 너무나도 안이한 방법이지요. 바꿔 말하면 부단히 노력하지 않아도 인정욕구를 충족할 수 있게 된 것입니다. 어려운 상황을 극복하려는 노력 없이도 스쳐 지나가는 생각 하나로 인정욕구를 채울 수 있다니요.

우리에게 기본적 욕구여야 할 인정욕구가 때로는 좋지 않은 시선을 받는 건 어쩌면 이러한 이유 때문일 겁니다. SNS로 손쉽게 인정욕구를 채울 수 있게 된 탓에 인정중독에 빠지고, 인정욕구에 휘둘리는 사람들이 눈에 띄게 너무너무 많아졌거든요.

인정욕구는 채워야 하는 것

2장

인정욕구로
괴로워하는 사람들

습관적으로
감정을 숨기고
호의를 베푼다

어색한 상황을 피하고 싶은 마음은 누구에게나 있고, 사실 그건 나쁜 심리도 아닙니다. 하지만 그 정도가 과해지면 자신을 괴롭히는 꼴이 되기도 합니다.

지금껏 인간관계나 사람들 대하는 일로 고민한 적이 없었고, 누구와도 쉽게 친해지는 성격이었다는 20대 남성 A 씨는 요즘 인간관계에 피로를 느낍니다. 퇴근길에 동료가 한잔하러 가자고 하면 늘 흔쾌히 함께했고, 먹고

인정욕구로 괴로워하는 사람들

마시면서 그날 있었던 일을 이야기하며 회포를 푸는 게 재미있었습니다. 그런데 요즘은 이런 상황이 고통으로 다가옵니다. 처음에는 그저 몸이 피곤한 탓이려니 생각했지만, 주말에 푹 쉬어서 피로가 싹 풀렸을 법한데도 동료가 한잔하러 가자고 하면 왜인지 그다지 내키지 않습니다. 그렇다고 거절하면 마음이 편하지 않아서 억지로 따라가기는 하지만, 정신적으로 지친 탓에 대화가 예전처럼 재밌거나 만남이 전혀 즐겁지 않습니다.

이런 증상이 마음이 비명을 지르고 있는 신호일 수도 있다는 생각에 자신을 되돌아보니, 그동안 억지로 맞춰주고 있었던 것 같기도 합니다. 어쩌면 애초부터 사람들과 어울리기를 즐기지 않았던 것은 아닌지 생각에 잠겼습니다.

A 씨는 인정욕구의 포로가 되어 자기 자랑하기 바쁜 동료를 보고 '못 봐주겠네. 난 저렇게는 되지 말아야지'라고 생각했는데, 자신도 동료와 크게 다르지 않다는

생각이 들었습니다. 어쩌면 자신도 인정욕구에 휘둘리고 있는 것은 아닌지 의심하기 시작했다고 합니다. 그렇게 생각한 이유를 묻자 이렇게 털어놓았습니다.

"제가 자기 자랑만 안 할 뿐이지 인정욕구에 휘둘리고 있는 건 똑같은 것 같아요. 친화력이 좋은 게 제 장점인 줄 알았는데, 그건 그저 상대방의 기대에 부응하기 위해서였던 거죠. 그러니까 상대방에게 사교성이 좋고, 성격 좋다고 인정받고 싶다는 마음에 억지로 친해지려고 애썼던 거예요."

무슨 일이든 다 떠맡는 자신에게 신물이 난다는 30대 여성 B 씨도 비슷한 경험이 있다며 입을 열었습니다.

"쉬는 날 외출 계획을 세워놨는데, 동료한테 대타로 업무 현장에 나가줄 수 없겠냐는 연락을 받으면 바로 알

　　　　　　　　　인정욕구로 괴로워하는 사람들

겠다고 해요. 그리고 나중에서야 '내가 왜 나가준다고 했지? 일정이 있다고 말할걸…' 하고 자책하면서 자기혐오에 빠져요. 곰곰이 생각해보니 동료들과 서먹해지기 싫어서 호의를 베푸는 거예요. 제가 거절하면 혹시나 저에게 안 좋은 감정을 가질까 봐요. 결국 미움받기 싫은 거죠. 인정받고 싶다는 욕구 때문에 제 마음에 솔직해지지 못하는 거고요."

두 사람의 이야기를 남 일처럼 생각하는 분은 없으시겠지요? 회사를 다니다 보면 업무보다도 직장 내 인간관계에서 오는 스트레스로 괴로워하는 사람이 더 많은 듯합니다. 횡포를 부리는 상사 때문에 스트레스를 받는다는 이야기는 많이 접하지요. 하지만 좋은 상사가 되고 싶다는 마음이 오히려 스트레스로 작용하는 사례도 있습니다.

중간관리직을 맡고 있는 40대 남성 C 씨는 젊었을 적

횡포를 부리는 상사에게 험한 꼴을 많이 당했습니다. 그래서 후배들만큼은 자신의 전철을 밟게 하고 싶지 않아 이해심 넓은 상사가 되기로 마음먹었습니다. 하지만 최근에는 이 결심이 오히려 짐이 됩니다.

과거에는 후배가 상사의 지시나 조언을 무조건 따르던 때도 있었습니다. 하지만 이제는 시대가 달라졌습니다. 상사가 무조건 옳은 것도 아니고, 모든 후배가 서툰 것도 아닙니다. 물론 경험치가 주는 힘과 조언은 무시할 수 없지만, 과거처럼 앞뒤 없이 상사가 후배를 강압적으로 누르던 시대는 갔습니다.

이런 시대 때문인지 앞에서도 이야기했던 '꼰대'가 요즘은 조금 왜곡되어가고 있습니다. 물론 과거에도 "저 사람 완전 꼰대다"라는 말을 하곤 했습니다. 하지만 이는 누가 봐도 편협한 시각을 가지고, 자기주장만을 강요하고 몰아붙이는 사람들을 향한 것이었지요. 요즘은 어떤가요? 누군가가 진지한 이야기를 하려고 하거나,

인정욕구로 괴롭히는 사람들

정석을 요구할 때마저도 마치 유행어처럼 '꼰대'라고 부르지 않나요?

회사라고 크게 다르지 않습니다. 상사가 업무적으로 뭔가 조언을 하려고 하면 그 자체를 '꼰대질'이라고 깎아내리거나 왜곡된 시선을 보내기도 합니다. 직무에 필요한 것은 가르쳐야 하고, 미흡한 부분은 채워줘야 하며, 업무 처리가 잘못되었거나 같은 실수를 반복할 때는 경험치가 더 많은 사람이 마땅히 바로잡아줘야 합니다. 그게 상사의 업무 중 하나이기도 합니다. 시대가 변했어도 이는 변하지 않아야 합니다.

머리로는 이 사실을 알고 있지만, 까다롭고 꽉 막힌 상사가 되기는 싫어서 조언하기가 망설여집니다. 다만 이러다가는 상사로서 후배가 업무를 무리 없이 수행할 수 있도록 지도하는 역할을 다하지 못한다는 생각에 다 놓아버리고 싶을 때가 종종 있습니다. 후배에게 좋은 상사가 되어주고 싶은 마음에 상사로서 마땅히 해야 할 일을 하지 못하니 이 상황 자체가 또 다른 스트레스로 이어지는 것입니다. 이 경우도 인정욕구에 휘둘리고 있다고 할 수 있겠지요.

인정욕구로 괴로워하는 사람들

호언장담하여 자신을
궁지로 몰아넣는다

의욕 넘치는 사람들에게서 흔히 볼 수 있는 유형이 있습니다. 이들은 자신을 아슬아슬한 상황까지 몰아넣어야 성장한다는 논리를 펼칩니다. 무심코 한 호언장담으로 자신을 궁지로 몰아넣어 엄청난 스트레스에 시달린다는 40대 남성 E 씨. 그는 젊었을 때부터 자신을 몰아넣으며 성장해왔다는 자부심이 있었지만, 최근에는 이 자부심이 문제라는 것을 느끼기 시작했습니다.

좋아하는 사자성어는 언행일치言行一致. 하겠다고 공개적으로 선언하거나 목표를 내걸면 무슨 일이 있어도 그 목표를 해내기 위해 무작정 돌진하게 됩니다. 힘에 부칠 때면 대충 마무리하고 싶은 마음이 굴뚝같지만, 모두에게 큰소리를 쳐서 빠져나갈 구멍을 막아놓으면 더 필사적으로 노력하게 됩니다. 실현 가능성이 낮은 목표를 내걸고 죽을힘을 다하면 불가능이 가능으로 바뀌게 되지요.

E 씨는 지금껏 이런 방법으로 성장해왔기에 이제는 호언장담하여 자신을 몰아넣는 일이 습관이 되었습니다. 지금껏 힘든 일이 있을 때마다 '그 덕분에 지금의 내가 있으니 이 방법을 바꿀 수는 없다'며 자신을 타이르고 노력해왔던 것입니다. 그러나 며칠 전, 충격적인 일이 있었습니다. 어쩌다 일이 빨리 끝나 일찍 퇴근했는데 아내와 아이들이 자신을 반겨주지 않는 듯한 분위기를 느꼈습니다. 평소 같으면 회사에 있을 시간이니

인정욕구로 괴로워하는 사람들

당연할 수도 있지만, 집에서는 자신이 있을 곳이 없다는 걸 처음으로 깨달은 것입니다.

남편이 한창 일만 할 때는 설 자리를 잃고, 정년퇴직 후에는 찬밥 취급을 받는다는 말은 들었지만 남 일인 줄 알았습니다. 하지만 이대로 가면 자신도 예외는 아닐 것 같았습니다. 생각이 여기까지 미치자 회사 생활이 180도 바뀌었습니다. 충성하며 성실하게 임했던 회사 생활이 갑자기 허무하게 느껴졌습니다. 지금껏 가정을 희생해가면서 일에만 매달렸던 이유는 도대체 무엇이었을까요? 아무리 자문자답해봐도 납득할 만한 대답을 찾을 수 없습니다.

결국 유능한 사람으로 인정받고 싶다는 '욕심' 때문에 지금껏 가정을 소홀히 해온 것입니다. '지금까지 돈 버는 기계로 살아온 것은 아닐까? 더 사람답게 살아야 하는데'라는 생각은 들지만, 이제 와서 집안 분위기가 그리 쉽게 바뀌지 않을 것 같아 난감합니다.

인정욕구에 휘둘리다 못해 인정중독에 빠져 가정에서 설 자리가 없어졌다는 사실을 깨달았으니 천만다행이지만, 앞으로의 생활을 바로잡아 나가기란 쉽지 않습니다.

인정중독에 빠진 사람은 한창 일하는 세대만이 아닙니다. 특히 젊은 세대는 SNS 문화와 떼려야 뗄 수 없는 관계이기에 SNS를 통한 인정욕구에 쫓기기 쉽습니다. 아르바이트생이 인터넷에 부적절한 사진이나 동영상을 올린 것이 논란을 일으켜 해당 매장과 기업에 막대한 손해를 끼친 사건이 있었습니다. 이런 행위가 잇따라 일어나자 '아르바이트 테러'라는 말까지 생겨났습니다. 아르바이트 테러 역시 인정욕구에 사로잡힌 결과라고 볼 수 있습니다.

근무하는 매장의 음식이나 식기를 이용해 장난치는 모습을 찍어 SNS에 올리고, 식품이 보관된 냉장고 안에 들어가거나 아이스크림 냉동고 위에 누워 있는 모습을 찍어서 비위생적이라며 논란이 끊이지 않았습니다.

이런 사건은 끝날 줄을 모릅니다. 논란이 있던 매장에는 가고 싶지 않다는 고객이 많아 곤욕을 치르는 곳도 있습니다. 일탈 행위가 발각되자 아르바이트생은 해고되고, 손해배상까지 묻는 경우도 있습니다. 피해를 본 매장으로서는 당연한 조치라고 할 수 있겠지요.

논란이 일어나는 곳은 매장뿐만이 아닙니다. 출입이 금지된 공간에서 기념 촬영을 한 사진을 인터넷에 올려서 질타를 받기도 합니다. 놀이공원 내에서 금지된 행동을 따라 하며 셀카로 찍은 후 인터넷에 올려 위법 논란에 휩싸이고, 심지어 자신이 도둑질하고 있는 모습을 찍어서 인터넷에 올려 문제가 되기도 합니다.

인터넷에 올리면 신분이 밝혀지고, 법적으로 처벌받는다는 사실을 알고 있는데도 도대체 이런 사진을 왜 올리는 걸까요? 누군가는 도무지 이해가 안 된다고 할 것입니다. 이는 모두 관심받고 인정받고 싶은 욕심 때문에 이성적으로 판단할 수 있는 능력을 잃어버렸기 때문입니다. 작성자로 밝혀져 처벌된 사람들은 왜 이런 어리석은 짓을 했냐는 질문에 이렇게 답합니다.

"눈에 띄고 싶었다."

"주목받고 싶었다."

"웃기고 싶었다."

"대단하다는 말을 듣고 싶었다."

"영웅이 되고 싶었다."

인터넷에 올리면 자신의 존재가 드러나지만, 사람들이 자신을 알아주지 않으면 인정욕구가 채워지지 않으니 위험을 무릅써서라도 올립니다. 이 정도로 인정받고자 하는 욕구에 중독된 것입니다.

어떤 사람은 이렇게 논란이 된 사례들을 보고 그 무지함에 혀를 내둘렀지만, 어느샌가 자신도 친구가 올린

인정욕구로 괴로워하는 사람들

게시글에 라이벌 의식을 느껴 자랑스럽게 포스팅을 하고 있었다고 합니다. 그제야 자신도 예외는 아니라는 사실을 깨닫고 인정욕구의 어마어마한 지배력을 실감했다고 하네요.

지나친 티 내기로
미움을 사지만,
그래야 직성이 풀린다

직장에서 마주칠 때마다 "요즘 너무 바빠서 다 못 끝 낸 업무는 집으로 가져가. 잠도 제대로 못 자니까 미치 겠어"라고 투덜대며 자신의 업무량을 티 내는 동료가 있습니다. 이런 말을 들으면 주변 사람들은 하고 싶은 말이 목 끝까지 올라오지만 꾹 참습니다.

'자기만 바쁜가?' '일을 해도 해도 끝이 없는 건 일머 리가 없어서지.' 대단하다는 말이 듣고 싶어 동료들 앞

인정욕구로 괴로워하는 사람들

에서 티를 내지만, 결국 상대방의 짜증만 불러일으킬 뿐입니다. 티를 내야 직성이 풀리는 사람은 직장 밖에서도 흔하게 볼 수 있습니다.

SNS를 이용해 자신에게 연인이 있다는 사실을 의도적으로 티 내는 사람이 있습니다. 데이트 중이라는 사실을 암시하는 멘트를 남기고, 고급 레스토랑의 테이블이나 분위기 있는 라운지 소파를 찍어 올리기도 합니다. 사진에는 이성이 옆에 있다는 사실을 티 내기 위해 테이블 구석에 손수건이나 지갑, 손목시계가 찍혀 있기도 합니다. 은근한 자랑이지요. 이런 사진에서는 '나는 사귀고 있는 이성이 있다'라는 과시욕이 여과 없이 드러납니다. 자신의 인기를 뽐내듯 다른 날에는 다른 손목시계를 찍어 올려 만나는 이성이 여러 명이라는 것을 티 내는 사람도 있습니다.

하지만 이런 티 내기는 보통 자신이 의도한 만큼의 효과는 얻지 못합니다. 자신의 생활에 진심으로 만족하고 있다면 필사적으로 티 낼 필요가 없기 때문입니다. 오히려 사람들의 질투심을 유발하지 않도록 숨기겠지요. 그래서 이런 게시글을 올리면 부정적인 반응이 많습니다. "어차피 자작극 아니야?" "애쓴다 애써. 짠해." 반응이 이런데도 필사적으로 티를 냅니다. 채워지지 않은 인정욕구에 중독된 것입니다.

생각보다 잘 나온 사진은 SNS에 올려야 직성이 풀리는 사람도 있지만, 이런 포스팅은 대부분 무의미합니다. 예를 들어, 작성자가 아름다운 외모의 소유자라면 온갖 비난을 하며 헐뜯기 일쑤입니다. "이 표정 좀 봐봐! 자기가 무슨 여배우인 줄 알아." "예쁘다 예쁘다 해주니까 신났네 아주." "자기한테 잔뜩 취해 있네. 못 봐주겠다 정말." 하지만 작성자의 외모가 평범하다면 온갖 야유를 받습니다. "착각도 유분수지. 이 얼굴로 예쁜 척하는 거야? 진짜 웃긴다." "100번 찍어서 그나마 한 장 건진 게 이거겠지." "0.1초의 기적이네."

　　　　　　　　　　　인정욕구로 괴로워하는 사람들

셀카에는 강렬한 자기애와 인정욕구가 일렁이고 있으므로, 이를 SNS에 올리면 사람들이 공격적으로 반응하기 쉽습니다. 이성적으로 생각해보면 알 만한 일인데도 인정욕구가 판단력을 마비시켜버리는 것이지요.

친구에게도 속마음을
터놓지 못한다

마음을 터놓을 수 있는 친구를 사귀고 싶지만, 그런 친구가 없어 외롭다는 하소연도 종종 듣습니다. 인터넷 사용이 일상화된 오늘날에는 인터넷을 매개로 타인과 쉽게 소통할 수 있지만, 타인과 어떻게 거리를 두어야 할지 고민된다는 사람이 많습니다.

상담을 하다 보면 인간관계 때문에 고민하는 사람들을 쉽게 볼 수 있습니다. 그중에서도 좀처럼 사람들과

인정욕구로 괴로워하는 사람들

친해지지 못한다는 것이 대표적인 고민 중 하나입니다. 한 내담자는 주변 사람들과 친하게 지내고 싶은 마음은 간절하지만, 자신감이 없어 자신도 모르게 소극적인 태도를 보인다고 합니다. 이유를 구체적으로 물어보니 이렇게 털어놓았습니다.

"저는 말주변도 없고, 제 얘기를 재미없어 할 것 같아서요…. 그래서 제가 먼저 말을 못 걸겠어요."

어떤 일을 계기로 즐겁게 수다를 떨어도 되레 불안감이 커진다고 합니다. 상대방이 진심으로 재미있어하는 건지, 지루해하지는 않는지 신경이 쓰여서 친구와 있어도 마음껏 즐기지 못합니다.

"즐겁게 수다를 떨고 있으면 오히려 더 불안해져요. 저랑 같이 있으면 분명히 재미없을 거고 금방 질릴 게

뻔하다는 생각이 들어서요. 겉으로 표현하진 않지만 속으로 그런 생각을 하고 있을 것 같아요. 그게 무서워서 제가 먼저 거리를 두게 돼요."

이러한 이유로 좀처럼 절친한 사이로 발전하지 못한다고 합니다. 이 내담자처럼 친하게 지내는 친구가 있긴 하지만, 속마음까지는 터놓을 수 없는 게 아쉽다는 사람도 적지 않습니다. '싫다고 말 못 하는 사람'이나 '억지로 맞춰주려는 사람'이 흔히 볼 수 있는 유형입니다.

왜 친구인데도 싫다고 말하지 못하는 걸까요? 왜 억지로 맞춰주려는 걸까요? 왜 속마음을 터놓지 못하는 걸까요? 바로 타인의 시선을 지나치게 의식하기 때문입니다. 좋은 친구로 인정받고자 하는 마음이 너무나도 큰 나머지, 속마음을 터놓지 못하는 것입니다.

대학생 310명을 대상으로 진행한 의식조사에서 79%

가 '타인의 시선을 매우 신경 쓴다', 72%가 '타인에게 미움받고 싶지 않다는 마음이 강하다'라고 대답했습니다. 70% 이상이 미움받고 싶지 않다는 생각에 사로잡혀 있었으며, 약 80%가 타인의 시선을 지나치게 신경 쓰고 있었습니다.

그리고 60%가 '타인에게 미움받을까 봐 불안하기도 한다', 52%가 '상대방이 나를 어떻게 생각할지 신경이 쓰여서 할 말을 못 하는 때가 종종 있다', 60%가 '좋은 사람인 척 연기할 때가 있다'라고 응답했습니다. 미움받을까 봐 불안한 마음에 하고 싶은 말이 있어도 말하지 못하고, 좋은 사람인 척 연기하는 사람이 과반수를 차지하고 있는 것입니다. 이러니 진솔한 관계로 발전하기 힘든 것도 어찌 보면 당연하겠지요.

덧붙여 70%가 '타인에게 인정받고 싶다는 생각이 강하다'라고 답했으며, '타인의 평가에 개의치 않는 편이다'라고 대답한 사람은 겨우 13%에 불과했습니다. 이로써 타인과 진솔한 관계로 발전할 수 없는 이유도, 사람을 대할 때 소극적으로 변하기 쉬운 이유도 지나친 인정욕구 때문이라는 사실을 알 수 있습니다.

본래 친구란 존재만으로 마음의 안식처이자 힐링이어야 하는 법인데, 속마음을 털어놓지 못하는 친구 관계는 오히려 스트레스의 원인이 되고 맙니다. 친구 관계 때문에 스트레스를 받는다니 이해가 안 되면서도, 그런 친구조차 끊어내지 못해 괴로워하는 사람이 적지 않습니다.

친구가 부르면 거절하지 못한다는 사람도 인정욕구의 포로라고 할 수 있습니다. 사교적인 성격이 자신의 장점이라고 생각했지만, 미움받기가 두려워서였지 결코 사람들과 어울리기를 즐기던 것이 아니었고, 상대방을 신뢰하는 것도 아니었음을 깨닫고 충격받았다는 사람도 있습니다.

오늘은 피곤하니 일찍 집에 가서 쉬려고 했는데, 친

구가 같이 저녁을 먹자고 하면 거절하지 못하고 따라갑니다. 사실은 집에서 쉬고 싶지만 억지로 같이 가주지요. 물론 식사하면서 이런저런 대화를 나누면 재미있기도 하고 기분전환도 되지만, 친구와 헤어지고 혼자가 되자마자 피곤이 확 몰려올 때면 '그냥 거절할걸' 하고 자주 후회한다고 합니다.

그러다가 마침내 사람들과 어울리기 좋아하는 성격의 이면에는 '거절하면 상대방의 기분이 상할까 봐', '거절하면 앞으로 날 불러주지 않을 것 같아서'라는 마음이 존재한다는 사실을 깨달은 것입니다. 그 이후로 사교성 좋은 성격은 결코 장점이라고 여길 수 없게 되었다고 합니다.

친구와 놀러 가기로 했을 때도 자신은 항상 상대방에게 맞추느라 매번 친구가 가고 싶어 하는 곳만 간다는 사실을 알게 되어 깜짝 놀랐다는 사람도 있습니다. 예를 들어, 자신이 점찍어놓은 영화는 따로 있지만, 친구가 다른 영화를 보고 싶다고 하면 친구에게 맞추느라 전혀 관심 없는 영화를 보게 되는 일도 다반사입니다. 저번에는 친구가 원하던 영화를 봤으니 이번에는 자신이 원하는 영화를 보자고 하면 될 텐데, 그 말을 꺼낼 수가 없습니다.

"친구도 보고 싶은 영화가 있을 텐데, 제가 보고 싶은 영화를 강요하면 친구의 기분이 상할 수도 있으니까요. 이런 영화에는 관심 없을지도 모른다는 생각이 들어서 제가 원하는 영화를 보자고 말하기가 어려워요. 그래서 결국에는 친구가 원하는 영화를 보게 되는 거죠."

오늘은 카페에서 느긋하게 쉬고 싶은데도 친구가 볼링을 치러 가자고 하면 "그래, 볼링 좋지"라며 따라가는 것으로도 모자라, 노래방에 가자는 말에 노래방까지 가서 신나게 놉니다. 자신이 생각했던 것과는 전혀 다른

인정욕구로 괴로워하는 사람들

하루를 보내는 것이지요. 이렇듯 친구에게 맞춰주기만 하는 자신이 싫어질 때도 있다고 합니다. 이런 때에도 싫다고 말하지 못하는 우리의 내면에는 강렬한 인정욕구가 꿈틀거리고 있습니다.

착한 사람으로
보이고 싶다

인정욕구는 끊임없이 일어나는 정치인이나 관료의 사건 사고에서도 맹위를 떨치고 있습니다. 권력자가 어떠한 명령을 하면 '이건 좀 아닌 것 같은데'라는 생각이 들면서도 "알겠습니다"라고 대답하며 실행에 옮깁니다. 그러다가 일이 잘못되면 정작 업무를 지시한 상사는 모르는 일이라고 발뺌하고 독단적으로 행동한 사람의 탓이라고 말해버리곤 합니다.

인정욕구로 괴로워하는 사람들

이런 모습을 심심치 않게 볼 수 있는데, 여기에는 상사의 명령에 따름으로써 믿음직한 부하 직원으로 인정받고 싶다는 인정욕구와 명령을 따르지 않으면 조직에서 제외될지도 모른다는 공포가 동시에 나타납니다.

평소 인간관계에서는 이 정도로 공포를 느끼는 일은 없지만, 누구에게나 '따돌림당하기 싫다', '마음 안 맞는 사람, 분위기 파악 못 하는 인간이라는 소리는 듣고 싶지 않다'라는 마음이 있습니다.

20대 여성 F 씨는 대화 중에 친구의 말이 틀린 것 같아도 "그건 아닌 것 같은데?"라며 지적하지 못하고, 그저 고개만 끄덕이는 자신이 싫을 때가 있습니다. 괜히 친구의 말을 부정하면서까지 분위기를 어색하게 만들기는 싫으니 하고 싶은 말을 쉽게 할 수 없는 것입니다.

반대 의견을 말할까 말까 망설이는 것도 모자라 "그렇지"라며 뜻하지 않게 공감할 때도 있어 나중에는 자기혐오에 빠집니다.

G 씨는 무책임하고 성의 없는 직원을 괘씸하게 생각하지만, 동조하는 듯한 말만 하는 자신에게 싫증이 납니다.

"그 사람은 대충이 일상이라니까요. 저는 제대로 일하고 싶은데, 그 사람이 '어차피 우린 아르바이트고, 시급도 낮으니까 대충하면 돼'라고 하면 반론도 못 하고 '맞아'라며 동조해요. 그럼 저까지 건성으로 일하게 되고요. 이런 제가 너무 싫어요."

얼떨결에 반론하거나 설교해서 어색해지면 나와는 안 맞는 녀석이라며 버림받지는 않을지 두려워한 나머지, 자신도 모르게 동조해버리는 것입니다. 친구가 다른 친구의 험담을 할 때 속으로는 '아니야. 알고 보면 좋은 애야'라고 생각하지만, 차마 입 밖으로 꺼내지 못하고 험담에 동조하듯 끄덕이면서 듣고 있는 자신이 한심

인정욕구로 괴로워하는 사람들

하다는 사람도 있습니다. 어설프게 편을 들면 '착한 척 하는 녀석'이라고 생각하지는 않을지, 다음에는 다른 사람에게 자신의 험담을 하지는 않을지 걱정되어 동조해 버리는 것입니다.

이렇듯 아니라고 생각하면서도 반론하지 못하고 마지못해 공감하거나 동조하는 것도 상대방에게 좋은 이미지를 심어주려는 인정욕구 때문이라고 할 수 있습니다. 이런 인정욕구가 있는 분도 많으시지요?

이렇듯 인정욕구에 휘둘리다 보면 자신의 속마음을 억누르며 살아가게 되고, 결국에는 상당한 스트레스를 떠안게 됩니다. 항상 타인의 의사만 신경 쓰다 보니, 도대체 나는 누구를 위한 인생을 살고 있는지 모르겠다며 한탄하는 사람도 있습니다.

H 씨는 어렸을 때부터 부모님을 의식한 나머지, 부모님이 마음에 들어 할 만한 말들만 골라서 했습니다. 전형적인 '착한 아이'인 셈이지요. 부모님께 받은 선물이

기대와 달라서 내심 실망해도 고맙다며 기뻐합니다.

"감사해요. 이거 정말 갖고 싶었던 건데."

이런 일도 있었습니다. 동물원에 가기로 한 날, 부모님의 친구가 지금 놀러 가겠다며 전화를 걸어왔습니다. 속으로는 부모님이 거절해주기를 바라면서도 모범답안을 내놓습니다.

"오랜만인데 오시라고 하세요. 동물원은 나중에 가도 되잖아요."

착한 아이로 비치는 편이 당장 마음은 편했을지 모르지만, 그런 자세가 몸에 배어버리자 어느샌가부터 친구, 동료, 연인 앞에서도 자신의 생각을 억눌러가며 상대방의 기대에 부응하고자 애쓰게 되었습니다.

인정욕구로 괴로워하는 사람들

하지만 최근에는 자신의 이런 모습에 피로감을 느끼기 시작했습니다. '나를 이렇게까지 억누를 필요는 없지 않을까?', '내 인생이니까 내 의사도 중요한데'라는 생각에 앞으로는 어떻게 행동해야 할지 고민입니다. 자신을 지나치게 내세우면서 이기적으로 행동하기는 싫은 마음과 상대방을 배려해주고 싶은 마음 사이에서 어떻게 균형을 잡아야 할지 몰라 난감합니다.

우리는 상대방에 따라 자신의 모습을 아주 자연스럽게 조정합니다. 부모님 앞에서의 '나'와 친구 앞에서의 '나'가 다른 것은 지극히 일반적인 현상입니다. 같은 친구라도 직장 친구 앞에서의 '나'와 학창 시절 친구 앞에서의 '나'는 차이가 있는 것이 당연하지요.

상대방에 따라 '나'의 모습이 결정됩니다. 착실하고 어른스러운 '나'를 이끌어내는 사람도 있고, 시끄럽게 까부는 '나'를 이끌어내는 사람도 있습니다. 애교 넘치는 '나'를 이끌어내는 사람도 있고, 차분하고 믿음직한 '나'를 이끌어내는 사람도 있습니다. 이렇듯 상대방에 어울리는 '나'가 거의 자동으로 움직이기 시작합니다. 바꿔 말하면, 상대방 또는 무리에 어울리는 캐릭터가 움직이기 시작하는 것이지요.

그룹에 따라 캐릭터가 정해져 있으면 자신의 모습 하나하나에 고민할 필요도 없습니다. 굉장히 편해지지요. 캐릭터의 이미지에 맞는 행동을 하면 상대방도 어울린다며 받아들여줍니다. 천진난만한 바보 캐릭터라면 상대방의 말을 건성으로 듣고 딴소리를 해도 천진난만하다며 넘어가고, 독설 캐릭터라면 직설적으로 말해도 원래 저런 캐릭터라며 눈감아줍니다. 진중한 캐릭터라면 무게를 잡아도 비웃는 일 없이 받아들여주지요.

이렇듯 캐릭터는 편리하기도 하지만, 예상보다 강한 구속력을 발휘하기도 합니다. 캐릭터에는 상대방 또는 주변의 기대가 깔려 있고, 언제든 그 기대에 부응해야 하기 때문입니다. '저 녀석은 이런 캐릭터니까 이런 반

인정욕구로 괴로워하는 사람들

응을 보이겠지.' 이러한 기대를 저버릴 수 없으니 항상 캐릭터를 의식하고, 그 캐릭터에 어울리는 행동을 해야 합니다.

우리는 절대 평면적인 존재가 아닙니다. 입체적인 캐릭터를 갖고 있는 것이 인간이지요. 늘 진중하고 어른스러운 사람이라도 장난기도 많고 때때로 엉뚱한 행동을 할 때도 있습니다. 하지만 조금이라도 다른 모습을 보이면 사람들은 "쟤 왜 저래? 오늘따라 이상해" 하며 갸우뚱한 시선으로 봅니다. 그래서 충동적인 행동을 할 것 같으면 자신의 캐릭터를 유지하기 위해 제동을 걸게 되지요.

늘 밝고 모두를 웃겨주는 사람도 기분이 가라앉을 때가 있고, 우울할 때가 있습니다. 그러나 사람들 앞에서 어두운 모습을 보이면 "너답지 않다"라는 말을 들을 것이 뻔하므로 축 늘어질 수는 없습니다. 그래서 자신을 억누르고 늘 그렇듯 가벼운 농담으로 사람들을 웃겨줍니다. 이런 사람도 있습니다.

"친구랑 있으면 즐겁긴 한데, 즐거운 것 이상으로 피곤할 때가 있어요. 아마 그 무리 안에서 제 캐릭터를 저도 모르게 필사적으로 연기하다 보니까 그런 것 같아요. 그냥 제 모습을 솔직하게 보여줬으면 어땠을까 하는 생각도 들고요."

캐릭터라는 편리한 장치에 의존하는 한 캐릭터에 반하는 생각은 어쩔 수 없이 모두 억눌러야 합니다. 그렇지 않으면 너답지 않다며 인정해주지 않지요. 그래서 답답함을 느끼게 되는 것입니다.

결국 인정욕구에 지배당하는 한 늘 상대방이 기대하는 '나'로 살 수밖에 없습니다. 놀러 갈 때도 자신의 의사는 제쳐둔 채 상대방이 가고 싶은 곳을 신경 쓰고, 다 같이 무언가를 할 때도 자신이 아니라 사람들이 원하는

인정욕구로 괴로워하는 사람들

것을 신경 쓰지요.

물론 상대방의 기대에 부응하고자 하는 마음이 무조건 나쁜 것은 아닙니다. 자신이 가고자 하는 장소나 하고자 하는 일을 억지로 고집하는 사람보다는 훨씬 낫습니다. 상대방도 '나'를 기분 좋게 대할 수 있으니 상대방에게 '나'는 함께 있으면 마음이 편안한 사람이 되겠지요. 그러나 그것도 한두 번이지, 정작 자신은 끊임없이 스스로를 억누르며 상대방에게 맞춰주기만 한다면 스트레스를 받을 수밖에 없습니다.

상대방이 나와 더 많은 시간을 보내고 싶어 하는 눈치라면, 일이 바빠서 발등에 불이 떨어져도 식사는 물론이고 술까지 마시러 갑니다. 하지만 속으로는 집에 빨리 가고 싶어서 초조해하지요. 상대방의 말이 틀렸다고 생각하지만, 곧이곧대로 지적하면 기분을 상하게 할 것 같으니 상대방의 투정을 끄덕이면서 듣습니다. 사람들을 험담하는 동료에게 넌더리가 나면서도 끄덕이면서 이야기를 들어주고, "그러게", "그건 좀 심하다"라며 동조하는 말까지 합니다. 상대방은 공감받고 있다고 생각할 텐데, 이런 생각을 하는 자신이 나쁜 사람인 것만 같아서 싫어집니다.

이렇듯 상대방의 기대에 어긋나지 않으려는 마음이 커지면 상대방이 바라는 모습대로 연기하게 됩니다. 그러다 보면 안절부절못하거나 자기혐오에 빠져서 결국에는 심각한 스트레스로 이어지기도 하지요.

인정욕구로 괴로워하는 사람들

능력 있는 사람의
트집을 잡는다

채워지지 않은 인정욕구는 유명인이나 정치인에 대한 공격적인 감정을 유발할 때도 있습니다. 연예인의 불륜 스캔들은 순식간에 퍼지고, 스캔들을 다룬 뉴스 채널은 검색 상위에 오릅니다. 불륜 논란을 빚은 연예인이 기자회견을 해도 '반성하는 모습이 보이지 않는다', '불륜 상대의 배우자에게는 사죄하지 않았다' 등의 비판이 각종 온라인 커뮤니티에 쏟아집니다.

물론 불륜은 저지르지 말아야 할 행동이지만, 애당초 우리와는 거리가 먼 연예인의 이야기입니다. 게다가 연예인 자신이나 불륜 상대, 불륜 상대의 배우자 모두 우리와는 전혀 관계가 없는 사람들입니다. 가까운 지인도 아닌 데다 일면식 없는 사람들이 저지른 불륜일 뿐, 그들 각자의 부부생활도 알 수 없습니다.

아무런 관계가 없는 사람들의 이야기에 우리는 왜 목숨을 거는 것일까요? 사람들이 비판을 쏟아내는 모습을 보고 있으면 개개인의 윤리관보다는 공격적인 감정이 느껴집니다. 유명인을 끌어내리고 싶다는 집념까지 엿보입니다. 이런 모습은 도쿄 올림픽 엠블럼을 둘러싼 표절 논란에서도 볼 수 있습니다.

도쿄 올림픽 엠블럼으로 선정된 사노 켄지로 씨의 디자인을 두고 벨기에 리에주 극장 로고와 유사하다는 논란이 생기자 해당 극장 로고를 디자인한 제작자가 도쿄 올림픽 위원회에 엠블럼 사용 금지를 요구한 일이 있었

인정욕구로 괴로워하는 사람들

습니다. 표절 의혹이 불거지자 사노 씨는 작품을 철회했고, 도쿄 올림픽 위원회는 엠블럼 사용을 공식 중단하기로 했습니다. 그동안 누리꾼들은 사노 씨의 모든 과거와 작품을 들추어냈고, 표절 의혹을 제기할 수 있을 만한 작품을 필사적으로 찾아다니며 "이 디자인은 이거랑 똑같은데? 완전히 표절이잖아!"라는 내용이 담긴 댓글을 잇달아 남겼습니다. 이 표절 의혹은 매일 수천 번 리트윗되었고, 가장 많이 리트윗된 날은 그 수가 1만 건을 넘었습니다.

당연히 표절은 해서는 안 될 행동입니다. 하지만 우리는 나와 전혀 관계없는 사람의 일에 왜 이렇게까지 많은 시간을 쓰는 걸까요? 컴퓨터 앞에서 죽을힘을 다해 검색하는 힘은 과연 어디에서 나오는 것일까요? 어쩌면 평소 일을 할 때보다 정신을 집중하고 열정을 불태우며, 희열까지 느끼는 것은 아닌가 하는 생각도 듭니다. 이런 행동의 이면에는 활발히 활동 중인 유명인을 끌어

내림으로써 얻는 쾌감으로 평소에 쌓인 울분을 푸는 심리가 엿보입니다.

사회적 물의를 일으킨 정치인이나 관료에 대해 보도하는 뉴스 채널의 인기도 대단합니다. 권력욕에 눈이 먼 정치인이나 관료는 예나 지금이나 많습니다. 권력을 손에 넣기 위해서라면 수단과 방법을 가리지 않는 사람, 권력을 쥐면 자신의 영향력을 불합리하게 행사하는 사람이 아주 많지요. 그 말인즉 새삼스럽게 놀라움의 대상도 아니라는 것입니다.

물론 이는 잘못된 것이지만, 매번 처음 있는 일처럼 분노합니다. 여기서도 정치인이나 관료들을 공격함으로써 인정욕구가 채워지지 않아 생기는 욕구 불만을 조금이라도 해소해보겠다는 심리가 얼핏 보입니다. 정의감에서 나온 분노일 수도 있겠지만, 그렇지 않은 경우도 많겠지요.

유명인뿐만 아니라 가까운 지인이 성공한 경우도 마

인정욕구로 괴로워하는 사람들

찬가지입니다. 일머리가 좋은 사람이나 출세한 사람, 이성에게 인기가 많은 사람은 주변에서 부러움의 시선을 한 몸에 받지만, 신랄한 비난이나 근거 없는 험담의 대상이 되기도 됩니다.

"저 녀석 정말 머리 잘 썼네."

"난 저렇게까지 비위 맞춰가면서 출세하고 싶지는 않던데."

"외모는 괜찮은데, 성격은 좀….."

채워지지 않은 인정욕구가 주변에서 인정받는 사람을 끌어내리려는 심리로 작용하는 것입니다. 누구나 이런 심리를 인지하고 있기에 유능한 사람일수록 겸손하고, 평소에도 틈만 나면 자신의 실패담을 늘어놓습니다. 일이 순조롭게 진행됐을 때는 절대 자만하지 않고 겸손한 모습을 보이지요.

"생각보다 잘 풀렸어. 운이 좋았던 것 같아."

"어쩌다 보니 그렇게 됐어."

스스로 한번 되돌아보는 시간을 가져봅시다. 그리고
주변 사람들을 떠올려봅시다. 우리는 여전히 인정욕구
에 휘둘리고 있지 않나요?

인정욕구로 괴로워하는 사람들

3장

SNS가 조장하는
인정욕구

'보는 나'와 '보이는 나'로 구분된다

인정욕구란 타인에게 인정받고자 하는 욕구를 말합니다. 이때 의식하게 되는 것이 '보이는 나', 즉 다른 사람들에게 비치는 자신의 모습입니다. '보이는 나'를 강하게 의식하게 되는 시기는 주로 사춘기 이후이므로, 인정욕구로 괴로워하게 되는 시기도 사춘기 이후부터라는 의견이 일반적입니다. 사춘기 때 자아에 눈을 뜬다는 말 또한 자아의식이 높아진다는 의미인데, 이것

SNS가 조장하는 인정욕구

은 '보는 나'가 '보이는 나'를 강하게 의식하게 되는 것을 말합니다.

근대 심리학의 창시자인 심리학자 윌리엄 제임스 William James 는 훗날 심리학의 정석이 된 교과서에서 '자아의 이중성'을 소개합니다. '자아'는 순수한 자아인 동시에 경험적 자아이며, 주체인 동시에 객체도 되는 것을 자아의 이중성이라고 보았습니다. 그리고 자아를 '인식 주체로서의 자아(I)'와 '인식 대상으로서의 자아(me)'라는 두 가지 측면으로 나누었습니다.

흔히 '나를 의식한다', '나를 들여다본다'라고 하지요. 하지만 '의식 주체로서의 나'와 '의식 대상으로서의 나'가 동시에 존재하지 않으면 자신을 의식할 수 없으며, '들여다보는 주체로서의 나'와 '들여다보는 대상으로서의 나'가 동시에 존재하지 않으면 자신을 들여다볼 수 없습니다.

사춘기에 접어들면 자아가 '인식 주체로서의 자아=

보는 나'와 '인식 대상으로서의 자아=보이는 나'로 구분 되면서 자아의식이 높아지고, 결국에는 '보이는 나'가 신경 쓰여 견딜 수 없어집니다. 그래서 어릴 때처럼 마 냥 모든 일에 태평할 수 없게 되고, 끊임없이 타인의 시 선을 의식하며 거리낌 없이 행동하지 못하니 사람들 앞 에만 서면 어색해지는 것입니다.

타인의 시선이 신경 쓰이는 것은 딱히 이상한 일이 아 닙니다. 누구나 타인의 시선을 의식하게 마련입니다. 상대방의 눈에 자신이 어떻게 비칠지, 주변 사람들 눈 에 자신이 어떻게 보일지 의식하는 것은 인간의 최대 관 심사라고 해도 과언이 아니지요.

평소 자주 만나는 사람에 대해 '나를 어떻게 생각하 고 있을까?', '나한테 호감이 있었으면 좋겠는데', '붙임 성 없는 녀석이라든가 시시한 녀석이라고 여기지는 않 을까?'라는 고민을 할 때도 있습니다. 직장 상사나 거 래처 사람을 보고는 '내 업무 능력을 어떻게 평가해줄

　　　　　　　　　SNS가 조장하는 인정욕구

까?', '시원시원하게 일 잘하는 사람, 매사에 열심히 노력하는 사람으로 인정받고 싶은데 실제로도 그렇게 보일까?', '무책임하고 약삭빠른 녀석이라든가 일 처리가 엉망인 녀석이라고 생각하지는 않을까?'라고 생각하기도 하지요.

우리는 왜 이렇게나 타인의 시선을 의식할까요? 그 이유는 타인의 시선이 자신을 비추는 도구이기 때문입니다. 인간은 자신을 궁금해하는 동물입니다. 나는 사람들이 좋아해줄 만한 성격인지, 뭐든 잘한다며 인정해줄 만한 능력이 있는지, 호감을 느낄 만한 인상인지를 어떻게든 알고 싶어 하지요. 누구나 그렇습니다. 그 궁금증을 풀어주는 열쇠가 바로 타인의 시선입니다. 말하자면 타인의 시선은 자신을 반영하는 '모니터 카메라'와 같습니다. 객관적인 내 모습을 볼 수 있는 것이 바로 타인의 시선입니다.

미국의 사회학자 찰스 호튼 쿨리Charles Horton Cooley는 우리 내면의 자아를 '사회적 상호작용으로 형성되고, 타인의 시선 속에서 생겨난다'라는 의미에서 '거울자아'라고 정의했습니다. 우리 자신의 모습이 '타인의 시선'이라는 거울에 반영된다는 말입니다. 자신의 얼굴은 거울에 비춰야 알 수 있습니다. 자신의 얼굴을 직접 보기란 불가능합니다.

이처럼 타인의 시선이라는 거울에 비춰야 비로소 자신의 성격이나 능력과 같은 내면적인 특징을 알 수 있습니다. 사람들의 반응에 따라 자신의 성격이나 능력이 어떤 평가를 받고 있는지, 자신의 태도나 언행이 올바른지를 판단할 수 있지요.

또 쿨리는 타인의 시선에 비친 자신의 모습을 보면 자부심이나 수치심과 같은 자아 감정이 발현된다고 말합니다. 이것도 누구나 일상적으로 느끼는 감정일 것입니다.

사람들이 나에게 호의적으로 대해준다면 기쁘기도

SNS가 조장하는 인정욕구

하고 자신감도 생깁니다. 하지만 사람들에게 부정적인 평가를 받으면 기분도 우울해지고 자신감도 없어집니다. 다만 후자의 경우라도 타인이 나를 어떻게 생각하는지를 알면 개선점에 대한 힌트를 얻을 수 있습니다.

따라서 자신의 모습이 타인의 시선에 부정적으로 비친다고 하더라도 그 사실을 인지하는 행위는 굉장히 중요합니다. 물론 기분이 좋지는 않겠지만 말입니다.

우리가 마음이나 가치관, 성격이 맞는 사람들끼리 어울리는 이유도 주변 사람들의 눈에 비치는 자신의 모습이 긍정적일수록 기쁘고 힘이 나기 때문입니다. 마음이 맞는 사람들은 나를 좋게 봐주는 경우가 많기 때문에 쉽게 인정받을 수 있는 것이지요.

자기애
과잉

최근 자기애 과잉인 사람이 눈에 띄면서 이른바 자기애성 인격장애가 주목받고 있습니다. 몇 년 전에는 미국 정신건강의학과 의사들이 트럼프 전 대통령이 자기애성 인격장애라며 해임 요구 서명을 모아 제출해서 화제가 되기도 했지요.

자기애성 인격장애를 가진 사람들에게 공감을 표시하고 지지를 보내는 이들이 많아지면서, 우리 주변에

SNS가 조장하는 인정욕구

서도 자기애 과잉인 사람을 심심찮게 찾아볼 수 있습니다. '내 머릿속에는 나밖에 없다', '나는 내 일에만 미친 듯이 신경 쓴다'라며 자기애를 과시하는 사람들이 늘고 있는 것이지요.

강연이나 세미나에서 자기애성 인격장애를 다루다 보면, 직장에서 그런 사람 때문에 고민이라는 사람들을 많이 만납니다. 개중에는 자신이 자기애성 인격장애인 것 같다며 상담을 희망하는 사람이 있을 정도입니다.

누구에게나 자기애는 있으며, 누구에게나 나 자신은 특별한 존재입니다. 그러나 그 자기애가 극단으로 치달으면 자기애성 인격장애가 됩니다. 미국정신의학회가 발간한 〈정신장애의 진단 및 통계 편람〉에 따르면, 자기애성 인격장애를 겪는 사람에게는 근거 없는 자신감과 자신은 특별한 존재라는 믿음이 있다고 합니다. 상대방 앞에서 우쭐한 태도를 보이거나 성공을 거듭하는 자기 모습을 상상하면서, 자신은 이런 곳에 있을 사람이 아니라는 생각에 사로잡히기도 하지요.

자기애성 인격장애는 그야말로 자기애가 매우 강한 유형이라고 할 수 있지만, 자기애 과잉에는 자기애성 인격장애와 구별되는 유형이 있다는 것이 최근 심리학회나 정신의학회의 공통 주장입니다.

또 다른 유형은 언뜻 보기에는 자기애가 강하지 않은 듯한 유형입니다. 무엇을 하든 자신감이 없고 무력감에 시달리거나, 사람들에게 인정받지 못할지도 모른다는 불안감에 휩싸이기도 합니다. 또 타인을 대할 때 주저하고 소극적이며, 상대방이 나를 어떻게 생각하는지에 대해 예민하게 반응한다는 특징이 있습니다. 머릿속에는 오직 나 자신뿐이라는 점에서 이 두 가지 유형은 모두 자기애 과잉이지만, 표현 양상은 정반대이지요.

미국의 정신의학자 글렌 개버드Glen O. Gabbard는 자기애를 '무감각형(둔감형)'과 '과민형'으로 나누었습니다. 다른 연구자들도 '과대형'과 '취약형', '후피형'과 '박피형',

'과시적'과 '폐쇄적', '외현적 자기애형'과 '내현적 자기애형'으로 대부분 비슷하게 분류하고 있습니다.

이렇듯 자기애 인격장애, 혹은 장애는 아니지만 자기애가 지나치게 강한 유형은 자신감이 너무 심하게 넘쳐서 타인에게 관심을 두지 않는 무감각한 유형과 자신감이 없어 소극적이며 타인의 시선에 과민 반응하는 유형으로 나뉘는 것입니다.

과민형은 〈정신장애의 진단 및 통계 편람〉에 포함되어 있지 않으므로 간과하기 쉽지만, 동양에서는 오히려 이 유형을 더 많이 볼 수 있습니다. 일본의 심리학자 오가와 가츠유키小川捷之가 동양인과 서양인의 고민을 비교한 조사에 따르면 '타인의 시선이 신경 쓰인다', '스스로 만족할 수 없다', '사람들에게 압도당하는 것 같다' 등의 항목에서 차이를 보였으며, 동양인이 서양인보다 이런 고민을 더 많이 하는 것으로 나타났습니다. '타인의 시선이 신경 쓰인다'라는 고민이 바로 사람들이 나를 어떻게 생각할지 신경 쓰인다는 심리에 해당합니다. '타인의 시선이 신경 쓰인다'라는 고민은 다음과 같은 항목에 따라 측정됩니다.

- 타인에게 내 모습이 어떻게 비칠지 걱정되어 혼자서 끙끙 속앓이한다.
- 남들이 나를 어떻게 볼지 생각하면 불안해진다.
- 내가 상대방을 불편하게 만드는 것 같다.
- 상대방을 불편하게 만드는 것 같아 눈치를 보게 된다.
- 상대방과 대화하고 있으면 나 때문에 분위기가 깨지는 것 같다.

이렇게 느끼는 사람이 서양인보다는 동양인에서 훨씬 많았습니다. 동양인은 타인의 시선을 의식하는 경향이 강하므로 자기애 과잉 중에서도 자신감이 없고 타인의 시선에 지나치게 민감한 유형이 많습니다. 여기에는 각 문화에 따른 인격 형성의 방향성 차이가 고스란히 반영되어 있습니다.

서양에서는 당당히 자기주장을 펼쳐야 한다는 문화적 압력 아래 인격이 형성됩니다. 스스로를 자신감 있게 드러내도록 교육받으며 성장하기 때문에 자기 과시적이며, 타인에게 무감각한 유형이 많이 보입니다. 한편 동양에서는 자기주장을 피하고 타인을 배려하며, 사람들과 협동하며 살아야 한다는 문화적 압력 아래 인격이 형성됩니다. 그러다 보니 소극적이며 타인의 시선에 민감한 유형이 눈에 띄지요.

이렇듯 자기애 인격장애나 자기애 과잉에도 타인의 시선을 의식하는 동양인의 심리적 특징이 여실히 반영된 것입니다.

'보이는 나'를
지나치게 키우는 SNS

SNS가 등장하면서 누구나 인터넷에 자신의 의견이나 사진을 올릴 수 있게 되었습니다. 뉴스 시청 소감도 트위터 등 SNS를 이용해 자유롭게 남길 수 있습니다. 과거에는 불특정 다수에게 의견을 제시하는 행위는 언론 관계자나 정책 결정자, 전문가 등에 한정되어 있었기에 일반인은 정보를 수신만 할 뿐 발신하지는 못했습니다. 하지만 SNS가 등장하면서 자신의 의견이나 생각

SNS가 조장하는 인정욕구

을 부담 없이 적을 수 있게 된 것입니다.

SNS를 한 번이라도 사용해보면 알겠지만, 의견을 적는 그 순간만큼은 호기롭게 써 내려갑니다. 하지만 다 올리고 나면 사람들의 반응이 신경 쓰일 수밖에 없지요. '보이는 나'의 비대화가 일어나는 것입니다.

블로그에 그날의 사소한 일과나 생각을 일기로 적는 사람이 많습니다. 원래 일기는 혼자만의 비밀 이야기처럼 아무도 모르게 하루하루의 생각을 기록하는 것이지만, 인터넷이 보급되면서 누군가가 읽는다는 것을 전제로 블로그에 일기 쓰는 사람도 속속 나타나고 있습니다.

일기처럼 매일매일 스쳐 지나가는 생각을 적는다고는 하지만, 사실 인터넷에 올린다는 건 불특정 다수가 읽는 것을 전제로 쓰는 것이지요. 그러니 자연스럽게 읽는 사람의 반응을 생각하며 쓰게 됩니다. 여기에서도 '보이는 나'가 점점 비대화되어갑니다.

SNS가 등장하면서 셀카를 찍어 올리는 문화도 일상이 되었습니다. 누군가는 명품으로 치장한 자신의 모습을 올려서 '좋아요'를 많이 받으며 인정욕구를 채웁니다. 그 쾌감은 곧 습관이 되고, 습관적으로 무리하면서까지 명품을 구입할 수밖에 없게 되어 괴로워하기도 합니다. 인정욕구가 채워진다는 것은 이렇게나 중독적인 일입니다.

앞서 2장에서 편의점의 아이스크림 냉동고 위에 누워 있는 모습이나 음식점 식기로 비위생적인 행동을 하는 모습을 찍어 SNS에 올리는 사례를 소개했지요. 이렇게 논란이 될 만한 게시글을 올릴 경우, 자신의 행동이 법적인 문제로 불거져 사회적 물의를 일으킨다는 사실 정도는 조금만 이성적으로 생각하면 알 수 있을 텐데도 이런 일은 잊을 만하면 또 들려옵니다. 그 정도로 사람들에게 주목받고 싶다는 것이지요. 이것 역시 인정중독에 빠져 침착하게 판단하지 못하는 증거라고 할 수 있

SNS가 조장하는 인정욕구

습니다. 해외에서는 셀카 찍기에 급급한 나머지 절벽에서 떨어지거나, 운전 중 전방주시 태만으로 충돌사고를 일으켜 사망한 사례까지 있을 정도입니다.

'보이는 나'를 의식하여 '보여주고자 하는 자신의 이미지'대로 연출하는 것을 자기제시 self-presentation라고 합니다. 자기제시는 그 빈도가 높든 낮든 누구나 지극히 자연스럽게 경험하는 과정입니다. 그러나 때에 따라서는 겉치레, 즉 인상 조작이 되기도 합니다.

예를 들면, 좋아하는 사람에게 다정하다는 인상을 심어주고자 할 때는 틈틈이 다정하고 배려심 있게 행동하도록 주의를 기울이겠지요. 진심을 담아 배려하는 사람이 있는가 하면, 인위적으로 좋은 인상을 남기기 위해 다정함을 연기하는 사람도 있다는 사실은 누구나 알고 있을 것입니다.

직장에서 유능한 사람으로 평가받고자 하는 사람은 어떤 일이든 척척 해내는 모습을 어필합니다. 이 경우도 업무에 온 힘을 쏟아 성과를 내는 사람이 있는가 하면, 요령을 피워 동료나 후배의 성과를 마치 자신의 성과인 듯 어필하는 사람도 있습니다.

이렇듯 '보이는 나'를 의식하더라도 그 행위가 노력이나 성장으로 이어지는 경우와 그럴듯하게 꾸며내느라 바쁜 경우가 있습니다. 다만 어느 쪽이든 인정욕구에 휘둘리고 있는 것은 사실입니다. 특히 최근 몇 년 사이에는 인스타그램의 등장으로 사진 업로드가 간단하고 일상이 되면서 말 그대로 '보이는 나'의 비대화가 빠른 속도로 진행되었습니다.

- 큰맘 먹고 온 여행인데도 풍경이나 분위기를 느긋하게 즐기지 못하고, 타인의 반응을 상상하면서 어떤 구도로 사진을 찍어 올릴지 고민하는 사람
- 심혈을 기울여 만든 요리와 함께 셀카를 찍은 후 자랑하듯 멘트까지 덧붙여 올리는 사람

- 근처에서 보기 드문 광경을 발견하면 무조건 사진을 찍어서 올려야 직성이 풀리는 사람
- 진짜 '나'는 숨기고, 가짜 '나'를 연출해서 올리는 사람
- 생일파티를 열어주는 사람이 없다는 현실에 쓸쓸함을 느낀 나머지, 친구 행세를 해주는 대행 아르바이트를 고용해서 생일파티 하는 사진을 찍어 올리는 사람

타인의 반응에 신경 쓰는 사례를 꼽아보았습니다. SNS가 발달함에 따라 타인의 시선에 끊임없이 집착하게 된다는 사실을 알 수 있지요. 그야말로 '보이는 나'의 비대화입니다.

자기애가 강한 사람은 팔로워 또는 '좋아요'를 늘리기 위해 자기 자랑에 힘을 쏟거나, 타인을 속이면서까지 SNS에 집착한다는 심리학 연구 결과가 있습니다. 또 인정욕구가 강한 사람일수록 인스타그램이나 트위터에 접속한 시간이 길고, 인정욕구가 그다지 심하지 않은

사람은 낮은 SNS 사용률을 보인다는 연구 결과도 있습니다.

아울러 인정욕구가 강한 사람일수록 손에서 스마트폰을 잠시도 놓지 않는 데 비해, 인정욕구가 그다지 심하지 않은 사람은 스마트폰에 의존하지 않는다는 연구 결과도 있습니다. 게다가 인정욕구가 심한 경우 '좋아요'가 없으면 부정적인 반응을 보이기 쉽고, '좋아요'를 받더라도 그 수가 적으면 부정적인 감정에 빠지기 쉽다는 사실도 밝혀졌습니다.

SNS가 조장하는 인정욕구

인정욕구를
쉽게 채울 수 있는
SNS 세계

앞서 언급했듯이 일탈하는 사진을 올린 것이 논란이 되어 손가락질당하는 사례가 끊임없이 발생하고 있습니다. 왜 이런 행동을 하는 것일까요? 그 이유는 간단한 방법으로 타인에게 인정받을 수 있기 때문입니다. 어떤 분야에서든 성과를 내고 주목받기 위해서는 부단히 노력해야 하며, 뛰어난 능력이 뒤따라주어야 합니다. 하지만 사람들이 기겁할 만한 장난으로 시선을 끌면 꾸준한 노력이나 특출한 능력이 필요 없습니다.

예를 들어, 그림 공모전에서 입선하거나, 소설을 투고해서 등단하거나, 수영 선수권에서 입상하거나, 야구 또는 축구에서 두각을 나타내는 방법으로 인정욕구를 채우려면 고난의 길을 헤쳐 나갈 각오가 되어 있어야 합니다.

이렇게 뼈를 깎는 노력이나 특별한 재능을 요구하는 일뿐만이 아닙니다. 동아리에서 주전 멤버가 되기 위해서, 지난 시험보다 좋은 성적을 받기 위해서, 목표 실적을 달성하기 위해서, 거래처에서 신뢰를 얻기 위해서도 마음의 준비가 필요하지요. 이런 일들에 비하면 SNS에 재미있는 사진을 올려서 인정욕구를 채우는 건 훨씬 빠르고 간편합니다.

SNS의 등장으로 우리는 예전과 달리 손쉽게 인정욕구를 채울 수 있는 시대에 살고 있습니다. 시대의 흐름이 인정욕구를 더욱 자극하고, 우리를 인정중독에 빠뜨

SNS가 조장하는 인정욕구

리고 있는 것이지요. 칭찬받고 사람들의 시선을 끌고자 SNS를 활발하게 이용하는 것입니다.

그리고 인터넷 공간에서는 익명성이 보장되므로 또 다른 나로 살아갈 수 있다는 특징도 있습니다. 현실 세계와 달리 지금껏 쌓아온 경험이나 현재 모습에 상관없이 특정한 일을 구할 수도 있고, 특정한 커리어를 쌓을 수도 있습니다. 이렇게 인정욕구를 채우지요. 다만 이 방법으로 스트레스를 잠시 해소할 수는 있지만 진정한 인정을 얻을 수 없다는 점을 자신도 자각하고 있기에 떳떳하지 못할 수밖에 없으며, 절대 단단한 자신감으로 이어지지 않습니다.

또한 방법에 상관없이 잠시든 거짓이든 SNS를 통해 인정욕구를 채울 수 있는 유혹에 노출되어 있어 꾸준한 노력으로 이어지기가 쉽지 않으며, 바람직한 인정욕구 충족에서 점점 멀어져간다는 문제점이 있습니다. 우리는 이렇게 무엇 하나 쉬운 것 없는 시대에 살고 있습니다.

　이처럼 누구나 SNS에 자신의 의견을 말하고 동의를 구하기 쉬운 시대가 되면서 자신에게 어느 정도 영향력이 있다는 '자기 효력감'을 얻는 건 쉬워졌지만, 그만큼 자신의 의견에 대한 타인의 반응도 의식하게 되었습니다. '좋아요'가 많으면 자신의 의견이 사람들의 공감을 끌어냈다는 느낌에 인정욕구가 채워져 기분이 들뜨지만, 반대로 '좋아요'가 적으면 인정욕구가 채워지지 않아 기분이 우울해집니다.

　신경 쓰이는 것은 '좋아요' 수만이 아닙니다. 자신의 의견을 무작정 비판하는 댓글이 달리면 기분이 곤두박질치겠지요. 그러나 인터넷 공간에는 평소에 쌓인 울분을 토해내기 위해 공격 대상이 될 만한 사냥감을 찾아 헤매는 사람들로 넘쳐납니다. 공격성이 두드러지지요. 그래서 게시글에 달린 부정적이고 공격적인 댓글로 피해를 보는 이들도 많습니다.

　　　　　　　　　SNS가 조장하는 인정욕구

나를 찾아온 한 내담자는 가족여행 사진을 올리고 나서 얼마나 많은 '좋아요'를 받을지 기대에 부풀었는데, 누군가가 '뭐야, 우리나라네? 난 또 하도 자랑하길래 해외인 줄 알았지'라며 눈살 찌푸려지는 댓글을 보고 우울해졌다고 합니다. 즐거워 보이는 가족사진을 올린 후에도 많은 '좋아요'를 기대했는데, 그 사진을 본 친구가 '돈 잘 벌어서 좋겠다. 우리 집은 가족여행 안 간 지 꽤 됐는데. 진짜 부럽네'라는 댓글을 남기자 할 말이 없어져 씁쓸해졌다고 합니다.

자신이 봤을 때 잘 나온 사진이라 SNS에 올렸는데, 생각한 만큼 반응을 얻지 못하면 인정욕구가 채워지지 않을 뿐만 아니라 은근히 상처를 받게 됩니다. 이런 비참한 기분을 견디지 못하고 '좋아요' 수가 적은 게시글을 지우는 사람도 있습니다.

'보이는 나'를 강하게 의식하게 하는 것은 SNS 게시글만이 아닙니다. 친구나 지인에게 메시지를 보내면 그들이 어떤 반응을 보일지 너무나도 궁금해집니다. 시간이 꽤 지났는데도 답이 오지 않으면 '내가 기분을 상하게 했나? 쓸데없는 말을 한 건가?' 하고 신경이 쓰이지요.

누군가에게 메시지가 왔을 때도 마찬가지입니다. '빨리 답장해줘야지. 내가 관심이 없다거나 피한다고 생각할지도 모르니까'라며 바쁜 와중에도 서둘러 답장을 하는 사람이 있지요. 이렇듯 SNS 때문에 항상 '보이는 나'를 의식하고, 타인의 반응에 일희일비하는 등 마음이 쉽게 요동치는 것입니다.

최근 심리학 연구에서도 인스타그램과 같은 SNS에 사진을 올려 타인에게 인정받고자 하는 욕구와 우울 사이에는 상관관계가 있다는 보고가 있습니다. 즉, SNS로 인정욕구를 채우려고 하면 오히려 기분이 불안정해지고 우울해지기 쉽다는 사실이 밝혀진 것입니다. SNS를 이용할 때는 주의가 필요하다는 것, 잘 아시겠지요?

SNS가 조장하는 인정욕구

'보이는 나'를
유지하기가 힘들다

설령 자신의 게시글에 달린 수많은 '좋아요'로 인정욕구가 채워진다고 하더라도, 그 수를 유지하는 일이 또다른 스트레스로 이어집니다.

재미있는 영상을 계속해서 올려 인기를 누리는 유튜버가 있습니다. 하지만 그런 유튜버가 몇 없어 주목을 받는 것일 뿐 누구나 그렇게 되리라는 보장은 없습니다. 게다가 이렇게 상위권에 드는 유튜버들도 재미있는 영상 한 편을 찍기 위해 몇 날 며칠을 머리를 싸매며 고군분투합니다. 고생해서 올린 콘텐츠가 '좋아요'를 받지 못해도 스트레스이지만, '좋아요'를 받아도 받는 대로 스트레스가 되는 것이지요.

어떤 사람은 거리를 걷다가 재미있는 무언가가 있어 사진을 찍어 올린 후 '좋아요'를 많이 받게 되었다고 합니다. 그래서 재미있는 콘텐츠로 방향을 잡고는 매일 거리를 돌아다니지만, 도통 올릴 만한 아이템이 보이지 않아 애를 먹고 있다고 합니다. 또 처음에는 '좋아요'를 꽤 많이 받았지만 어느샌가 그 수가 적어지고, 최근에는 피사체를 찾는 것조차 고통스럽다고 했습니다. 이렇게 주객전도가 된 사례는 주변에서 어렵지 않게 찾아볼 수 있습니다.

셀럽 생활을 만끽하는 것처럼 셀카를 찍어 올렸더니 '좋아요'를 많이 받았습니다. 그래서 부지런히 게시글을 올렸지만, 현실은 허세를 부려서 셀럽 흉내를 내는 것

SNS가 조장하는 인정욕구

일 뿐, 의상이나 고급 호텔에 들어가는 비용 때문에 계속하기가 힘들어집니다. 그 와중에 자신의 진짜 모습을 아는 친구가 댓글을 남기는 바람에 부랴부랴 게시글을 삭제하는 일도 있습니다.

또 다른 내담자는 예능 방송을 보고 블로그에 독설 가득한 게시글을 올렸더니 '좋아요'가 많이 달려서 관심을 얻은 게 기분 좋아 잇따라 비슷한 게시글을 올렸지만, 그 후에는 반응이 없었습니다. 그저 첫 게시글이 운 좋게 '좋아요'를 많이 받았던 것뿐이었지요. 그 이후로는 '좋아요' 수가 점점 더 적어지고, 게시글을 쓰느라 고생한 만큼 보답받지 못하는 것 같아 싫증이 나서 그만뒀다고 했습니다.

이렇듯 SNS로 손쉽게 인정욕구를 채울 수 있게 되었다고는 하지만, '보이는 나'를 유지하는 일은 결코 쉽지 않습니다. 어쩌다 잠깐 좋은 평가를 받고 시선을 끌게 된 것뿐이니까요.

인정욕구를 채우기 위해 인터넷에 게시글을 올리는 시대이지만, SNS 포스팅에는 지나친 자기애가 엿보이는 경우도 많습니다. 2장에서 SNS에 업로드된 셀카를 보고 "이 표정 좀 봐봐! 자기가 무슨 여배우인 줄 알아", "예쁘다 예쁘다 해주니까 신났네 아주"라며 코웃음 치는 사례나 "착각도 유분수지. 이 얼굴로 예쁜 척하는 거야? 진짜 웃긴다", "0.1초의 기적이네"라며 야유하는 사례를 소개했습니다.

이렇듯 외모가 특출한 사람이 셀카를 올리면 주변 사람들로부터 질투 섞인 비아냥을 듣고, 남들과 외모가 비슷하거나 그렇지 않은 사람이 셀카를 올리면 무시당하거나 웃음거리가 됩니다. 아마 자신의 의도와는 다른 반응을 얻는 경우가 많을 겁니다. 셀카 포스팅에는 강렬한 자기애와 칭찬을 갈구하는 티 내기가 엿보이기 때문이지요.

셀카뿐만 아니라 일기에 쓸 법한 개인적인 생각이나

발상을 SNS에 올렸을 때 호의적으로 반응해주는 사람도 있지만, 이런 글은 대체로 강렬한 자기애가 녹아 있기 때문에 부정적으로 반응하는 사람도 있다는 걸 기억해야 합니다.

싸늘한 댓글까지는 아니더라도 "자기한테 완전히 취해 있네", "물어본 사람?", "이런 걸 사람들한테 왜 말하는 거야?", "네 생각에 관심 있는 사람 아무도 없어"와 같이 매몰찬 반응을 듣는 경우도 적지 않습니다. 애초에 지극히 사적인 생각을 SNS에 올리는 행위 자체가 '자신은 강렬한 자기애의 소유자'라고 고백하는 것과 마찬가지이기 때문입니다.

타인의 게시글에서 강렬한 자기애가 느껴지면 "저렇게 볼썽사나운 모습을 보이고 싶지는 않아", "어떻게든 자기한테 주목해달라는 것 같아서 안쓰러워"라는 비판 혹은 동정 여론이 쏠리는 한편, 필사적으로 자기 홍보를 하듯이 게시글을 올리는 사람도 있습니다.

SNS 때문에 인정욕구의 포로가 되고, 인정중독에 빠진 사람들이 더욱더 눈에 띄게 늘고 있는 이 시대, 우리는 어떻게 인정욕구와 타협해야 할까요?

SNS가 조장하는 인정욕구

4장

인정욕구의
정체

자아 이미지는 타인의
시선으로 만들어진다

우리는 자신의 이미지, 즉 자아 이미지를 가지고 있습니다.

"저는 성격이 밝아서 매사를 긍정적으로 생각하는 편이에요. 그래서 스트레스를 받는 일은 거의 없어요. 그런데 뭐든 편하게 생각해서 그런지 실수를 많이 하고, 진중하지 못하다는 말을 들을 때도 있어요."

인정욕구의 정체

이러한 자아 이미지를 가진 사람이 있다고 합시다. 이 사람은 왜 이런 자아 이미지를 가지게 된 것일까요? 왜 '나는 성격이 밝다'라고 말할 수 있는 것일까요? '매사를 긍정적으로 생각하는 편이다'라고 생각하는 이유는 무엇일까요?

어쩌면 어릴 적부터 부모님이나 학교 선생님, 친구들에게 "넌 참 활기찬 아이구나", "성격이 밝네"라는 말을 자주 들었거나, 매사를 부정적으로 바라보고 고민이 많은 친구로부터 "넌 항상 마인드가 긍정적이라 부러워", "넌 어쩜 그렇게 늘 긍정적이야?"와 같은 말들을 들어왔기 때문일지도 모릅니다.

보통 자아 이미지를 자신의 천성이라고 생각하기 쉽습니다. 그러나 그 기원을 거슬러 올라가보면, 자아 이미지는 가까운 타인이 '나'를 겪고 느낀 이미지에 맞게 만들어져온 것임을 알 수 있습니다.

"넌 예민한 성격이구나."

"왜 그렇게 사소한 것 하나하나에 목숨을 걸어?"

"좀 더 너그럽게 행동하렴."

이와 같은 말을 부모에게 들으면 '예민한 성격', '사소한 것까지 마음 쓰는 성격'이라는 자아 이미지가 생깁니다. 선생님이나 친구에게 착하다는 말을 들으면 착한 성격이라는 자아 이미지가 만들어집니다.

상대방에게 직접 듣는 말뿐만 아니라 상대방의 태도로도 자아 이미지는 결정됩니다. 예를 들어, 친구들이 다른 아이에게는 스스럼없이 말을 걸면서 재미있게 노는데 자신에게는 말을 걸어주지 않아 혼자 덩그러니 있다고 합시다. 이런 상황이 거듭되면 '나한테는 말 걸기가 어렵나 보다', '나는 첫인상이 좋지 않은 편이구나'와 같은 자아 이미지가 만들어집니다. 고민 상담을 해 달라는 친구가 많으면 '나는 의지할 만한 사람이구나'라

인정욕구의 정체

는 자아 이미지가 생기지요.

이렇듯 우리는 원래부터 자아 이미지를 갖고 있다고 생각하기 쉽지만, 사실은 사람들에게 들은 말이나 사람들의 태도를 통해 알게 되는 것입니다. 결국 '타인의 시선'에 의해 만들어지지요. 그래서 호감이 가는 자아 이미지를 만들고자 사람들에게 바람직한 이미지를 심어주려다 보니 타인의 시선에 민감해질 수밖에 없는 것입니다.

인정욕구의 이면에
잠재된 '무시불안'

인정욕구는 타인에게 인정받지 못할 때 활성화됩니다. 인정받지 못하면 인정받고 싶다는 마음이 커지게 되고, 채워지지 못한 욕구가 사람을 부추기는 것이지요. 예를 들어, 상대방이 심한 말을 하거나 부정적인 태도를 보이면 누구나 상처받습니다. 싫어하는 사람과 함께 있으면 불편하고, 상처받는 일도 생기니 되도록 거리를 둡니다. 너무나도 당연한 행동이지요. 그러나 최

인정욕구의 정체

근에는 지나칠 정도로 쉽게 상처받는 사람이 많아지고 있습니다. 이 현상은 '무시불안'과 관련이 있습니다.

무시불안이란 상대방에게 무시당하거나 얕보이지는 않을지, 가볍게 보이지는 않을지 불안해하는 심리를 말합니다. 상대방이 조언을 해주면 이를 그대로 해석하는 게 아니라 '태도가 거만해서 짜증난다'라고 느끼는 것이 여기에 해당합니다. 저는 이런 현상에 잠재된 심리를 무시불안이라고 이름 붙였습니다. 삐뚤어진 인정욕구라고 할 수 있지요.

무시불안은 누구에게나 있는 심리이지만, 정도가 심해지면 상대방의 한마디가 마음에서 우러나온 말이거나 실제로 유용한 조언이라도 '나'보다 우위를 과시하는 듯이 느끼는 것입니다. 상대방은 절대 무시하려고 한 말이 아닌데도 말이지요. 조언에는 '알려준다', '도움받는다'라는 이미지가 있어 '알려주는' 사람이 '도움받는' 사람보다 우위에 있다고 느낄 수도 있습니다. 하지만 조언을 들으면 도움이 되는 것도 사실입니다.

무시불안은 조언뿐만 아니라 도와준다는 말에도 강하게 반응합니다. 머리로는 상대가 나를 위해서 한 말이라는 걸 알면서도, '내가 아직도 못 하는 건가?', '내가 일을 효율적으로 못 하나?'라며 자신이 무시당하는 듯한 느낌이 드는 것입니다.

무시불안이 강한 사람의 눈에는 친절한 태도조차도 자신을 무시하는 태도로 보입니다. 결과적으로 감사는커녕 '태도가 거만해서 짜증난다'라는 심리로 이어지는 것입니다. 대학생과 대학원생 310명을 대상으로 진행한 의식조사에서는 64%가 '상대방이 거만한 태도로 말하면 욱한다', 40%가 '친구가 하는 말에서 거만함을 느낀다'라고 응답해 '거만한 태도'에 과민반응하는 젊은 세대가 상당히 많다는 것을 알 수 있습니다. 또 68%가 '상대방에게 무시당하고 싶지 않은 마음이 크다', 70%가 '상대방에게 인정받고 싶은 생각이 크다'라고 답변해 젊

인정욕구의 정체

은 세대 대부분이 타인의 평가에 불안감을 느끼고 있는 것으로 나타났습니다.

게다가 20대부터 50대까지의 남녀 350명을 대상으로 진행한 의식조사에서는 '상대방에게 얕보이고 싶지 않은 마음이 강하다'라고 대답한 사람이 과반수를 차지했습니다. 무시불안에 위협받고 있는 사람들은 젊은 세대만이 아닌 것입니다. 이렇게 연령에 상관없이 삐뚤어진 인정욕구에 휘둘리는 사람이 매우 많다는 사실을 알 수 있습니다.

전문적인 분석을 거듭 진행한 결과, 상대방의 거만한 태도를 신경 쓰는 사람일수록 다음과 같은 경향이 있다는 게 밝혀졌습니다.

- 타인에게 비판을 받으면 사실 여부와 관계없이 갑자기 화가 난다.
- 사람들에게 얕보이고 싶지 않다는 생각이 강하다.

- 툭하면 못마땅하게 생각할 때가 있다.

- 무엇을 하든 잘 풀리지 않는다고 느낄 때가 있다.

- 걸핏하면 타인과 나를 비교한다.

- 일이나 공부가 싫어서 견딜 수 없을 때가 있다.

- 타인의 시선이 매우 신경 쓰인다.

이 분석에 따르면 현재 상황에 불만이 많고 자신감이 없으며 무시불안이 강한 사람일수록 '거만한 태도'에 과민반응하는 것을 알 수 있습니다. 대수롭지 않은 상대방의 말이나 태도에 과민반응을 보이며 언짢아하거나 도전적인 태도를 취하는 것도 무시불안 때문에 자신을 얕보고 있다며 곡해하기 때문입니다.

무시당하고 싶지 않은
마음에 핑계를 댄다

셀프 핸디캐핑self-handicapping이라는 말 들어보셨나요? 모르는 분들도 많겠지만, 실은 누구나 일상적으로 셀프 핸디캐핑을 합니다. 예를 들어, 직장 동료와 함께 볼링을 치러 갔다고 합시다. I, J, K가 대화를 나누는 장면입니다.

I: 볼링은 지금껏 딱 두 번 쳐봤어. 초보나 다름없지 뭐.

J: 나는 네다섯 번 쳐봤는데, 그것도 고등학생 때라서 공 굴리는 감각을 잊어버렸어. K, 너는 얼마 전에 볼링 치러 갔었지?

K: 응, 얼마 전에 친구가 가자고 해서 갔는데 처참하더라. 초등학생 때 치고 20년간 안 했으니까.

이처럼 볼링을 얼마나 오랜만에 치는지를 강조합니다. 볼링이 아니더라도 이런 상황을 많이들 경험해보셨을 것입니다. 스키든 골프든 다 같이 무언가를 하자는 이야기가 나오면 너 나 할 것 없이 얼마나 경험이 부족한지, 얼마나 오랜만인지를 앞다투어 강조합니다. 이것이 심리학에서 말하는 셀프 핸디캐핑입니다. 불리한 결과가 나왔을 때 상처받지 않으려고 하는 것이지요. 주변 사람들에게 '해본 적이 거의 없어서 서툰 게 당연하다', '오랜만이라 못하는 것이 당연하다'라는 것을 강조함으로써 실패했을 때 상처받지 않으려고 안간힘을 쓰는 것입니다.

인정욕구의 정체

셀프 핸디캐핑은 비단 스포츠에만 국한되지는 않습니다. 예를 들면, 승진 시험에서도 셀프 핸디캐핑이 활발하게 일어나고 있습니다. 열심히 공부했는데도 시험에 떨어지면 머리가 나쁘다는 이미지가 생길 수 있으니 그 전에 셀프 핸디캐핑을 합니다.

"요즘 바빠서 공부를 하나도 못 했어…. 하필 이렇게 바쁠 때 시험이라니 정말 미치겠네."

"감기 걸렸는데 오늘은 아침부터 열까지 나는 것 같아. 멍해서 머리가 안 돌아가는데 어떡하지?"

이렇게 얼마나 공부하지 않았는지를 은근슬쩍 말하거나, 얼마나 컨디션이 좋지 않은지를 강조합니다. 그렇게 말해두면 혹시라도 승진 시험에서 좋은 성적을 얻지 못했을 때 '공부를 못 해서', '열 때문에 머리 회전이 안 되어서' 등의 변명을 하면서 시험에 떨어져도 면죄부를 받지요. 바로 이런 효과를 의도해서 하는 게 바로 셀프 핸디캐핑입니다.

이것은 자기제시의 일종입니다. 자기제시란 타인에게 특정한 인상을 심어주기 위해 자신에 관한 정보를 조정해서 전달하는 행동을 말합니다. 타인에게 보이고 싶은 자신의 모습을 조정하는 것으로, 인상관리라고도 합니다. 타인에게 자신에 대한 긍정적인 이미지를 심어주고, 부정적인 이미지가 생기지 않도록 말과 행동을 조정합니다. 이 모든 게 인정욕구 때문이라고 할 수 있지요.

이렇듯 셀프 핸디캐핑은 부정적인 평가를 받을 가능성이 큰 경우 자신이 얼마나 불리한 상황에 놓여 있는지를 미리 강조하거나 실제로 핑계를 만들어서 실패에 따른 평가절하나 이미지 악화를 예방하려는 자기제시의 일종입니다. 그리고 이는 인정욕구가 좌절되는 것을 막기 위한 시도이기도 합니다. 여기서 '핑계를 만들어

인정욕구의 정체

낸다'라는 말은 이런 경우를 가리킵니다.

예를 들어, 시험 전인데도 굳이 어디론가 놀러 가는 것입니다. 시험에 떨어졌을 때를 대비해 "시험 전에 놀았으니까"라고 변명할 여지를 만들어두는 것이지요. 좋지 않은 결과가 나왔을 때 상처받지 않도록 방어막을 쳐둡니다. 이처럼 인간의 필사적인 노력을 나타내는 것 중 하나가 셀프 핸디캐핑이며, 여기에는 인정욕구가 강하게 작용한다고 볼 수 있습니다.

불안이 많은 사람은 긍정적인 평가를 받아 인정욕구가 충족되더라도 얼마 지나지 않아 금세 다시 불안해집니다. 긍정적인 평가를 받지 못할까 봐 불안해하는 사람은 남들에게 좋은 평가를 받았을 때 그것을 온전하게 믿고 즐기는 게 아니라 자신의 능력을 의심하고, 기대를 저버리지는 않을지 걱정하며 오히려 더 불안해한다는 연구 결과가 있습니다.

무시불안에 시달리거나 셀프 핸디캐핑에 안간힘을

쓰는 행위의 이면에는 강한 인정욕구가 숨어 있다는 사
실, 이제 아시겠지요?

인정욕구는
자아 형성의 원동력

'사람들은 나를 어떻게 생각할까? 좋은 사람, 재미있는 사람으로 봐줄까? 부정적으로 보면 어쩌지? 그러면 상처받을 것 같은데….' 이런 생각에 휩싸이면 기분이 결코 좋지는 않습니다. 하지만 이런 생각을 하는 이유가 누구나 가지고 있는 인정욕구 때문이라면 기분이 조금 나아지지 않나요?

이처럼 우리는 무시불안에 위협받으면서도 어떻게든

타인에게 인정받고자 애씁니다. 지금까지 살펴본 수많은 사례에서도 알 수 있듯이 어쩌면 우리는 인정욕구에 사로잡혀 사람들에게 인정받고자 하는 마음 하나로 성장해왔다고 봐도 무방할 정도입니다.

어릴 적 부모님에게 인정받고자 하는 마음이 성장의 원동력으로 작용한다는 것은 1장 첫머리에서 설명했습니다. 그 이후에는 친구나 선생님에게 인정받고자 하는 마음까지 더해져 다양한 형태로 성장을 이끕니다.

사회생활을 시작하면 직장 동료들이나 거래처, 고객에게 인정받고자 하는 마음도 생기지요. 유능한 사람으로 인정받고자 하는 욕심이 업무 능력을 향상시킵니다. 또 개인적으로는 성실한 사람, 배려심 깊은 사람으로 인정받고자 하는 마음이 인간적 성장을 이끕니다. 그 과정에서 생각대로 업무를 해내지 못해 괴로워하거나, 인간적인 매력이 부족하다는 생각에 자기혐오에 빠지며 애를 먹을지도 모릅니다. 하지만 이런 갈등은 현재

인정욕구의 정체

의 나를 극복하려는 의지의 표현으로 볼 수 있습니다.

이러한 의미에서 인정욕구는 자아 형성의 원동력이라고 할 수 있지요. 그러므로 인정욕구에 휘둘려 괴로워하고 있다면 자기 내면에 있는 인정욕구를 부정할 것이 아니라 적절히 대처해서 인정욕구를 최대한 살리는 것이 가장 중요합니다.

'타인에게 인정을 갈구하며 괴로워할 필요는 없다. 인정욕구를 내려놓으면 편해진다'라고 말하는 사람도 있습니다. 하지만 정말 그럴까요? 인정욕구를 내려놓으면 편해질까요? 1장에서 살펴봤듯이 인정욕구가 성장의 원동력이 된다면, 인정욕구를 버리고 태도를 바꾸면 성장이 멈추는 것은 아닐까요?

미국의 심리학자 헤이즐 로즈 마커스Hazel Rose Markus와 일본의 심리학자 기타야마 시노부北山忍는 문화에 따라 자아의 모습이 달라진다고 보고, 서양의 독립적 자아와 동양의 상호의존적 자아를 대비했습니다. 예를 들어,

자신의 특징을 말하라고 하면 대부분의 서양인은 '적극적이다', '스포츠에 자신 있다'라고 대답합니다. 반면 동양인 대부분은 사회적 소속, 지위, 가족관계 등 타인과의 관계성을 말합니다.

마커스와 기타야마는 서양 문화에서는 개개인이 본질적으로 따로따로 행동한다는 인식이 있기 때문에 누구나 타인으로부터 독립하여 자기 고유의 특성을 발휘하도록 요구된다고 분석했습니다. 한편 동양과 같은 비서구 문화권에서는 자신을 주변 사람들과 연결된 사회관계의 일부로 보고, 관계된 타인의 사고, 감정, 행위를 어떻게 받아들이는지에 따라 행동이 정해진다고 여깁니다. 이렇듯 동서양의 인간관 차이를 단적으로 보여주는 것이 독립적 자아관과 상호의존적 자아관의 대비입니다.

서구적이며 독립적인 자아관에서는 개인의 자아를 타인이나 상황 등 사회적 문맥과 분리해서 그 영향을 받

인정욕구의 정체

지 않는 독자적 존재로 봅니다. 이에 반해 동양적이며 상호의존적인 자아관에서는 개인의 자아가 타인이나 상황 등 사회적 문맥과 강하게 연결되어 있어서 영향을 크게 받는다고 여깁니다.

또 독립적 자아관에서는 개인의 행동이 자신의 생각이나 감수성 등 내적인 요건에 따라 결정된다고 봅니다. 이에 반해 상호의존적 자아관에서는 개인의 행동이 타인과의 관계성이나 주변 상황에 따라 결정된다고 여깁니다.

그리고 독립적 자아관에서는 자신의 내적 능력을 발휘하여 나름대로 납득할 만한 성과를 내는 것이 자존심과 결부된다고 간주합니다. 하지만 상호의존적 자아관에서는 관련 있는 타인과 바람직한 관계를 쌓고 사회적 역할을 다하는 것이 자존심과 결부된다고 봅니다.

서구적 가치관에 익숙해진 사람이라도 이렇듯 자아나 행동이 타인 또는 상황에 영향을 받는 것, 타인과 바람직한 관계를 쌓아 사회적 역할을 다하는 것이 자존심과 결부되는 것도 지극히 일반적이라고 느낄 것입니다. 하지만 서양인은 다릅니다. 서구의 독립적 자아관에 따라 자아는 타인으로부터 분리되어 있다고 여기는 사람이라면, 타인의 시선과는 상관없이 인정욕구를 버리고 살 수 있을지도 모릅니다.

그러나 타인과의 관계 속에서 존재하는 우리는 타인의 시선을 개의치 않고 살아가기란 쉽지 않습니다. 인정욕구를 버리고 자신이 생각한 대로 행동한다면 인정욕구에 휘둘리는 괴로움에서 자유로워질지도 모릅니다. 하지만 자유를 얻음과 동시에 주변에 자연스럽게 녹아들지 못하거나 일에 차질이 생겨 주변에 민폐를 끼치는 등 쉽게 적응하지 못할 것입니다. 관계성의 세상에서 살아가는 이상 타인의 시선을 완전히 무시할 수는 없는 것입니다.

따라서 인정욕구를 내려놓는다고 해서 절대 편해지

지는 않습니다. 오히려 인정욕구를 내려놓는 것은 이미 자아를 실현한 소수의 사람을 제외하고는 거의 불가능합니다.

'관계'를 소중하게
여기며 살아간다

이렇듯 상호의존적 자아관을 바탕으로 자아를 형성해온 우리는 이른바 관계성의 자아로 살고 있습니다. 우리는 '개인'의 세상에서 사는 것이 아니라 '관계'의 세상에서 사는 것입니다. 이러한 관계의 세상에 사는 우리는 쌍방향의 시점을 가지고 있습니다. 'I(나)'가 'You(상대방)'에 대하여 독립적으로 존재하며, 일방적으로 자신을 표현하는 것이 개인이 사는 세상의 기본입

인정욕구의 정체

니다.

자신의 생각을 표현할 때 상대방은 아무런 관계가 없습니다. 개인의 세상에서 산다면 그저 자신의 생각대로 자기주장만 내세우면 됩니다. 상대방이 어떻게 생각하든 상관없습니다. 이기적으로 행동해도 괜찮습니다. 자신의 요구를 말하면 됩니다. 상대방이 '나'의 의견을 납득하지 못하면, 상대방도 목소리 높여 자기주장을 펼칠 것입니다. 이것이 개인의 세상입니다.

그러나 관계의 세상에서 살면 그렇게 간단하지가 않습니다. 상대방을 의식하고 관계를 고려하여 상대방이 상처받지 않고, 상대방과 어색해지지 않으며, 상대방이 불만을 품지 않도록 배려해가며 자신의 생각을 말해야 합니다. 이기적인 자기주장은 하기 어렵습니다.

우리가 유난히 타인의 시선을 신경 쓰는 이유도 관계의 세상에서 살아가기 때문입니다. 상대방과의 관계에 따라 '저', '나' 등 일인칭 대명사를 바꾸는 것처럼, 타고

난 공감 능력으로 상대방의 생각을 배려하면서 서로 불편해지지 않도록 말투도 조정합니다. 자신의 생각을 그대로 말하면 되는 것처럼 단순한 문제가 아니지요.

개중에는 똑부러지게 자기주장을 못하는 것에 열등감을 느끼는 사람도 있지만, 자기주장이 약한 것은 절대 부끄러운 일이 아닙니다. 단지 문화적 특성상 자기주장을 내세울 기회와 필요가 없었던 것뿐입니다.

관계의 세상을 살아가는 우리는 상대방의 기분이나 생각을 헤아리려고 하고, 상대방의 입장을 존중하려고 하기에 일방적으로 자신의 주장만을 밀어붙일 수 없습니다. 그래서 자기주장에 서투른 것이지요.

상대방이 무엇을 원하고 어떻게 느끼는지 신경 쓰는 것 또한 주체성이 없어서가 아니라 상대방의 기대에 부응하고 싶어서입니다. 즉, 자신의 만족만을 추구하기보다는 상대방의 만족도 신경 쓰는 것입니다.

하고 싶은 말이 있지만 말하지 않고, 요구사항이 있

인정욕구의 정체

지만 애써 덮어두는 이유도 마찬가지입니다. 자기주장 능력이 부족한 것도 있지만 상대방에게 부담을 주고 싶지 않은 마음, 상대방에게 뻔뻔한 사람으로 보이기 싫은 마음이 작용하기 때문입니다. 그리고 자기주장이 서투른 이유 또한 이런 것에 가치를 두지 않는 문화적 전통이 있기 때문이라고 할 수 있지요.

이렇듯 우리는 항상 상대방을 의식하면서 행동합니다. 타인으로부터 완벽하게 독립된 자아는 우리에게 존재하지 않지요. 그렇다고 해서 우리가 미성숙한 존재는 아닙니다. 동양 문화에서는 타인으로부터 분리된 자아를 미성숙하다고 보는데, 그 이유는 상대방의 사정을 배려하지 못하기 때문입니다.

우리는 관계 속에서 자아가 결정됩니다. 시원시원하게 결단을 내리지 못하고 타인에게 의지하려는 친구 앞에서는 믿음직하게 행동하고, 잘 챙겨주는 친구 앞에서는 어린아이가 됩니다. 모범생이니 기대한다는 선생님의 말씀에 부응하고자 필사적으로 노력하고, 상사나 동료에게 유능한 사람으로 인정받으면 무리하면서까지 일을 잘해내고자 합니다. 이렇듯 상대방과의 관계에 따라 유연하게 모습을 바꾸는 것이 동양 문화적인 자아라고 할 수 있습니다.

앞서 언급했듯이 서양 문화를 '자기중심의 문화', 동양 문화를 '관계의 문화'라고 특징지어 대비했습니다. 자기중심의 문화란, '내 생각을 마음껏 주장하면 된다', '특정한 이야기를 꺼낼지 말지, 특정한 행동을 취할지 말지는 나의 의견이나 입장을 기준으로 판단하면 된다'라고 생각하는 문화를 말합니다. 이런 문화에서 성장해온 서양인의 자아는 개인으로서 독립하고, 타인으로부터 분리되어 있습니다.

한편 관계의 문화란, '일방적인 자기주장으로 타인을 곤란하게 하거나 불쾌하게 하지 않아야 한다', '특정한 이야기를 꺼낼지 말지, 특정한 행동을 취할지 말지는 상대방의 기분이나 입장을 고려하여 판단해야 한다'라고 여기는 문화를 가리킵니다. 관계의 문화에서 자아를 형성해온 우리는 개인으로서 닫혀 있지 않으며, 타인에게 열려 있습니다.

서구적 가치관에 익숙한 사람들은 이러한 동양적 자아가 주체적이지 않다며 비판합니다. 그러나 자기주장을 적절히 자제하고 상대방을 존중하며, 개인으로서 닫히지 않고 타인에게 열린 자세가 조화로운 사회를 만들어내고 있는 것은 아닐까요? 따라서 타인의 시선을 의식하고, 상대방에게 인정받고자 노력하는 모습은 절대로 나쁜 것이 아닙니다. 오히려 바람직하다고 할 수 있지요.

외국인들이 놀라는
동양인의 예의범절

동양인의 예절은 정평이 나 있습니다. 세계 최대의 온라인 여행사 익스피디아는 2009년 유럽, 아메리카, 아시아의 호텔리어를 대상으로 각국 관광객에 관한 평가조사를 진행했습니다. 그 결과 일본은 아홉 항목 중 '일상예절', '예의 바름', '청결함', '차분함', '불만이 적음'이라는 다섯 항목에서 1위로 선정된 데 이어 종합평가에서도 1위를 차지한 바 있습니다.

재해가 일어나면 폭동이나 약탈전이 벌어지지 않는 것도 우리에게는 당연한 일이지만, 외국인이 보기에는 놀라운 일인 것 같습니다. 이렇듯 예의 바르고, 공격적이지 않으며, 되도록 평화적으로 해결하려는 자세는 먼 옛날부터 우리 마음속 깊은 곳에 자리 잡아왔다고 알려져 있습니다.

'남아프리카 공화국 식물학의 아버지'라 불리는 스웨덴 식물학자 칼 페테르 툰베리Carl Peter Thunberg는 1775년부터 1776년까지 아시아에서 생활했습니다. 이때 엮어낸 책에서 아시아의 인상을 다음과 같이 상세하게 기록했습니다.

"아시아인들은 유독 예의가 바르다. 어려서부터 예절 교육을 받기 때문에 어르신들도 모범을 보인다. 신분이 높은 사람이나 손윗사람에게 예를 다하는 것은 물론이고, 신분이 대등한 사람에게도 머리 숙여 인사한다."

도대체 동양인은 왜 이렇게 예절이 바른 것일까요? 가장 큰 이유는 타인의 시선을 의식하기 때문입니다. '보기 흉한 행동을 해서는 안 된다', '다른 사람들에게 민폐를 끼쳐서는 안 된다'라는 마음가짐으로 사람들을 대하기 때문이지요. 우리는 어릴 적부터 이런 말을 자주 들으며 자랍니다.

"다른 사람 앞에서 얼굴 못 들 짓을 해서는 안 돼."

"사람들에게 손가락질 당할 일은 하지 마."

"사람들에게 존경받을 수 있도록 훌륭한 사람이 되어야 한다."

바람직하지 않은 행동을 하거나 기대에 부응하지 못했을 때는 이렇게 혼나기도 하지요.

"그런 짓 하면 사람들이 욕해."

인정욕구의 정체

"이런 것도 못 하니? 창피하게."

"꼴사나우니 그런 변명은 하지 마."

이렇듯 무의식중에 '타인의 시선'이 비집고 들어오기 때문에 수치심이 몸에 배어 있는 것입니다. 다른 사람에게 놀림당하기 싫고, 창피하게 보이는 짓은 하고 싶지 않으며, 부끄러운 모습은 보이고 싶지 않습니다. 바꿔 말하면, 체면이 서지 않는 행동은 할 수 없다는 말입니다. 이러한 생각이 자신의 행동을 컨트롤하는 원동력이 됩니다.

타인의 시선을 신경 쓰는 동양인이라며 코웃음 치는 사람도 있지만, 타인의 시선을 신경 쓰지 않는 편이 오히려 민폐라고 할 수 있습니다. 타인의 시선을 전혀 신경 쓰지 않고 자기가 하고 싶은 대로만 했을 때, 상대방에게 민폐를 끼치거나 상처를 주는 등 이기적인 행동으로 이어지는 경우가 많기 때문입니다.

'타인의 시선이 곧 상대방의 생각'이라는 점을 의식하면 이기적인 마음을 컨트롤할 수 있다는 것이 동양적 사고이며, 이에 따라 질서가 유지되는 것입니다. 다만 이 사고에 과하게 집착하면 괴로운 것도 사실이지요. 무엇이든 지나치면 독이지만, '타인의 시선이 곧 상대방의 생각'이라는 점을 의식하지 않으면 자기주장과 자기주장이 서로 부딪쳐 공격적인 사회가 되고 말겠지요.

 '타인의 시선이 너무나도 신경 쓰인다', '남들이 나를 어떻게 바라보는지 신경이 쓰여 견딜 수 없다', '남들에게 좋은 사람으로 보이고 싶어 상대방에게 맞추려고만 하다 보니 괴롭다' 같은 심리의 이면에는 '나쁜 사람이 되고 싶지는 않지만, 상대방에게 맞춰주느라 배려하는 것도 귀찮다', '미움받아도 좋으니 좀 더 자유로워지고 싶다'라는 갈등이 소용돌이치고 있습니다.

 많은 사람들이 이렇게 갈등으로 얼룩진 마음을 끌어안고 살다 보니 베스트셀러인《미움받을 용기》가 탄생

　　　　　　　　　인정욕구의 정체

한 것이겠지요. 이 책이 대성공을 거둔 배경에는 마치 갈등이 소용돌이치듯 '미움받고 싶지 않지만 한편으로는 답답하다'라는 현대인의 심리가 깔려 있었을 것입니다.

동서양 범죄자의
다른 태도

한 전문가가 이렇게 논평한 적이 있습니다.

"타인의 시선, 이른바 '체면'을 중시하는 동양 문화는 서양 문화와 비교하면 성숙하지 않다. 체면을 신경 쓸 것이 아니라 항상 자신감을 가지고 자신의 가치 기준으로 매사를 판단해야 한다."

"'수치의 문화'에 사는 동양인의 윤리관은 미성숙

하다.”

  이뿐만 아니라 '수치의 문화'에서 벗어나 '죄의식의 문화'가 발달한 서양을 본받아야 한다며 자조하는 사람도 있습니다. 하지만 그들에게 한 가지 묻고 싶습니다. 그럼 왜 수치의 문화를 지닌 동양이 죄의식의 문화를 지닌 서양보다 범죄 발생률이 낮고 치안이 좋은 것일까요? 왜 '죄의식의 문화'인 서양이 이기적인 자기주장을 펼치며, 잦은 전쟁으로 피비린내 나는 역사를 자랑하는 경우가 많을까요? 여기에 의문을 제기해야 하지 않을까요?

  수치심은 굳이 심리학 용어로 한정하지 않아도 될 만큼 우리에게 매우 익숙합니다. 대부분의 동양인은 수치심에 따라 자신을 컨트롤하지요. 일본의 작가 시바 료타로司馬遼太郎는 전 세계 국가 대부분이 종교와 같은 절대원리로 사회가 유지되는 데 반해 동양은 이러한 절대원리

없이도 질서가 잡혀 있는데, 그 이유는 '부끄러운 짓을 해서는 안 된다'라는 미의식이 있기 때문이라고 이야기합니다.[*]

'부끄러운 짓은 하지 마', '그런 말 하면 사람들이 비웃어'라고 말하는 것처럼 우리에게는 '모양새 좋다, 모양새 나쁘다'와 같은 미의식이 있습니다. 이러한 미의식만으로 사회가 오래도록 유지되어온 나라들은 동양권 국가들뿐입니다. 범죄율이 낮은 이유도 범죄가 모양새 없는 행위이기 때문입니다.

이어 일본 문학 연구자인 도널드 킨Donald Keen은 도둑이 가게 주인을 살해한 혐의로 체포되어 취조당한 끝에 자백한 사례를 예로 들었습니다. 동양의 경우 범죄를 자백할 때 '죄송합니다', '해서는 안 될 짓을 했습니다'

인정욕구의 정체

라고 말하는 경우가 많은 반면, 서양은 사실을 부정하고, 끝내 자백하게 되더라도 '죄송합니다'라는 말을 안 하는 경우도 많다고 합니다. 동양에서는 흉악범이어도 자신의 범행을 인정하고 죄를 뉘우치는 경우가 많은데, 그 이유는 신에 대한 죄책감이 아닌 사회에 대한 죄책감과 얽혀 있기 때문입니다. 이를 두고 시바 료타로는 "사회라기보다 세상에 대해서다"라고 말했고, 도널드 킨도 그 말에 동의했지요.

일본의 인도철학자 나카무라 하지메中村元도 비슷한 이야기를 했습니다. 서양인 범죄자는 자백은커녕 어떻게든 핑계를 대며 발뺌하려고 하지만, 동양인 범죄자는 느닷없이 술술 자백하는 경우가 있다며 이를 동양인의 정서적 경향과 관계가 있다고 분석합니다.

피해자에게 미안한 마음이 드는 공감적인 정서와도 연관이 있겠지만, 해서는 안 될 짓을 하고도 뻔뻔하게 행동하는 것은 '꼴사납다', '상스럽다', '부끄러운 줄 모른다', '저렇게 창피한 짓은 할 수 없다'라는 감수성, 이른바 '타인의 시선이 곧 체면'이라는 생각을 내면화한 미의식이 우리 마음속에서 강하게 작용하고 있는 것은 아닐까요?

이로써 타인의 시선을 강하게 의식하여 상대방에게 인정받고자 하는 마음은 절대 나쁜 것만은 아니라는 점과 오히려 인정욕구 덕분에 성장하고 원만한 인간관계가 유지되며 치안 좋은 사회가 만들어진다는 점을 알 수 있습니다. 그렇다고 지나치게 타인의 시선에 얽매이면 피곤해집니다. 여기서 필요한 것은 인정욕구를 내려놓는 것이 아니라 현명하게 다루는 것입니다. 이제 5장에서는 인정욕구를 잘 다루는 방법에 대해 알아보겠습니다.

5장

인정욕구를
현명하게 다루는 법

나를 지키며
배려하기

'동료가 근무 일정을 바꿔달라고 부탁하면 사실은 약속이 있어 내키지 않는데도 거절하지 못한다.'

'피곤하니 일찍 집에 가서 느긋하게 쉬고 싶지만, 동료가 같이 밥을 먹으러 가자고 하면 거절하지 못하고 따라간다.'

'이미 일이 차고 넘치는데도 상사가 또 다른 일을 맡기면 얼마나 바쁜지 말하지 않고 무리해서 떠맡는다.'

인정욕구를 현명하게 다루는 법

'우울한 일이 있어 시끄럽게 떠들 기분이 아닌데도 분위기가 무거워지지 않도록 남들 앞에서는 억지로 밝게 행동한다.'

'친구가 하는 말에 동의하지는 않지만 어색해지기 싫어서 동의하는 척 끄덕이며 듣는다.'

이러한 인정욕구의 행동 유형을 읽고 '어? 나도 그런데!'라며 고개를 끄덕이시는 분들 많으시겠지요. 이 행동이 꼭 나쁘다고는 할 수 없습니다. 무언가를 부탁받았을 때 싫은데도 싫다고 말하지 못하는 이유는 상대방의 기대를 저버리고 싶지 않은 마음 때문이고, 상대방이 하는 말이 틀렸다고 생각하면서도 대놓고 사실대로 말하지 못하는 이유는 어색해지는 상황을 피하고자 하는 마음 때문이지요. 덕분에 상대방은 부탁을 들어줘서 고마워하고 기분 상할 일이 없습니다.

우울한 일이 있어도 억지로 밝게 행동하는 이유는 상

대방이 자신에게 마음 쓰기를 원하지 않기 때문입니다. 그러면 상대방은 부담 느낄 일이 없습니다. 이러한 행동 유형은 모두 상대방에게 좋은 사람이 되고자 하는 마음, 즉 인정욕구에서 비롯된 심리입니다.

내가 먼저 배려하면 상대방이나 주변 사람들이 편해지므로 이러한 행동 패턴을 전부 바꿀 필요는 없습니다. 문제는 무리해서 자신을 억누른 탓에 스트레스에 시달리는 경우입니다. 이때를 유심히 살펴보아야 합니다.

동료들과 함께 밥을 먹고 귀가하는 일은 그리 부담스럽지도 않고, 이런저런 이야기를 나누다 보면 재미있기도 하니 절대 억지로 만나는 것은 아닙니다. 하지만 동료들과 헤어지고 혼자가 되면 왠지 안심이 됩니다. 그리고 피곤이 물밀듯 밀려오지요. 그럴 때면 내가 무언가 무리하고 있다는 사실을 알게 됩니다.

사람들과 함께 있으면 즐거워야 하는 법인데, 타인을

인정욕구를 현명하게 다루는 법

배려해야 할 때가 있어서 피곤하기도 합니다. 무감각한 사람을 제외하고는 누구에게나 있는 심리이지요. 앞서 4장에서 이야기한 것처럼, 관계의 세상 속에서 사는 우리는 누구나 주변의 반응을 살피면서 자신의 태도를 조정하는 습성이 몸에 배어 있습니다. 누구나 주변의 반응을 의식하면서 각자 눈치를 보는 것입니다.

그래서 무슨 말을 할 때마다 주변의 반응을 살핍니다. '방금 내가 실수한 건 아니겠지?' '말이 너무 심했나?' 또 조금이라도 이상한 분위기를 느끼면 신경이 쓰입니다. '기분 상하게 했나?' '상처받았을지도 몰라.' 이렇게 주변의 분위기를 자꾸만 살피는 이유가 절대적으로 상대방이 상처받지 않도록, 반감을 느끼지 않도록 하기 위한 것만은 아닙니다. 자신의 이야기를 지루해하지는 않을지 불안한 마음도 있습니다.

다들 유쾌하게 수다를 떨 때도 자신의 말솜씨에 자신감이 없어 걱정하기도 합니다. '재미없다고 생각하지는 않을까?' '지루해하지는 않을까?' 이러한 모습은 쉽게 볼 수 있지요.

한 대학교에서 수업을 한 적이 있습니다. 이러한 이야기를 하면 학생들은 말합니다.

"친구랑 같이 있으면 재밌어야 하는데, 헤어지고 집으로 오면 피곤할 때가 몇 번 있었거든요. 그런데 그 이유를 알았어요. 지금까지 저는 누구와도 쉽게 친해질 수 있는 성격이라고 생각했는데, 생각보다 친구들에게 신경을 많이 쓰더라고요."

그중에는 친구에게 상처 주지 않도록, 친구가 반감을 느끼지 않도록 신경 쓸 뿐만 아니라 친구의 기대에 부응하기 위해 억지로 계속 맞춰주다 보니 '이게 친구 관계가 맞나?'라며 씁쓸하고 절망스러운 기분도 든다며 마음속 갈등을 토로하는 학생도 있습니다.

인정욕구를 현명하게 다루는 법

물론 이런 배려가 무조건 나쁜 것은 아닙니다. 오히려 상대방의 기분을 헤아린다는 점에서 바람직하지요. 그러나 배려하려는 마음이 너무 지나치면 오히려 사람들과 관계를 맺는 게 힘들어집니다. 그러므로 스트레스가 쌓이지 않도록 자신의 배려 성향을 알아두고, 무리하고 있지는 않은지 스스로 체크해야 합니다.

무리하지 않는 선에서
인정욕구 이용하기

인정욕구에 휘둘리고 인정중독에 빠져 괴로워하는 사람이 많아서 그런지 인정욕구를 내려놓아야 한다는 조언을 듣기도 합니다. 직장인 L 씨는 동료에게 다음과 같은 말을 들었습니다.

"그렇게 남들한테 신경을 쓰니까 피곤하지. 직장에서 좋은 사람인 척 연기해봤자 다 소용없어."

인정욕구를 현명하게 다루는 법

자신은 좋은 사람인 척 연기할 생각도 없었고 그다지 힘들지도 않았지만, 남들에게는 무리하는 것처럼 보일까 봐 이제부터는 조금 여유롭게 살기로 마음먹었습니다. 이러한 결심을 말하자 동료는 L 씨를 거들기 시작했습니다.

"그래! 하고 싶은 대로 하는 거야. 나도 남들 신경 안 쓰고 말하고 싶은 건 다 말하잖아."

하지만 어느 날, 다른 동료들이 자신의 험담을 한다는 소문을 들었습니다. "전에는 사람이 참 좋았는데, 요즘에는 조금 이기적이야", "점점 본모습이 드러나는 걸까?"라며 뒷말을 하고 있던 것입니다. 이런 말이 들리자 L 씨는 혼란스러웠습니다. 주변 사람을 배려하며 싹싹하게 구는 것이 더 나다운 모습이었을까, 아니면 애써 좋은 사람인 척 연기했던 것일까? 주변을 배려하지 않고 할 말은 하는 것이 더 나다운 모습이었을까, 아니면 너무 무리하지 말라는 회사 동료 때문에 내 본모습을 잃어버린 것일까?

타인을 배려하고 자신을 억눌러온 탓에 인간관계에 지친 사람이 이도 저도 아닌 조언을 받은 결과, 그 전까지는 배려심 많던 사람이 이기적으로 돌변하는 경우가 있습니다.

주변 사람들에게 맞춰주느라 지칠 대로 지친 사람이 무리하지 않아도 된다는 조언을 들으면 하고자 하는 말은 바로 내뱉고, 부담스러울 때는 단칼에 거절하는 등 상대방을 배려하지 않고 이기적으로 행동하는 경우도 있습니다. 무엇이든 적당히 하는 게 좋지만, 이 사례처럼 자칫 잘못하면 극에서 극으로 치닫기 쉽다는 생각이 듭니다.

사근사근하다는 말을 듣는 사람은 사근사근한 이미지에 어울리는 행동을 하기 위해 다소 무리를 하기도 합

인정욕구를 현명하게 다루는 법

니다. '사근사근한 사람으로 보이고 싶다', '이 이미지를 깨고 싶지 않다'라는 인정욕구 때문이지요. 마찬가지로 센스 있다는 말을 듣는 사람은 그 이미지에 자신을 억지로 맞추기도 합니다. 이것 역시 '센스 있는 사람으로 보이고 싶다'라는 인정욕구 때문입니다.

물론 이러한 인정욕구를 잘 활용하면 사람들과 원만한 관계를 쌓을 수 있다는 장점이 있습니다. 다소 무리하더라도 크게 힘들지 않다면, 인정욕구에 이끌려 부담을 감수하면서까지 노력하는 행동은 절대 나쁜 것이 아닙니다.

뛰어난 업무 능력으로 정평이 난 사람이 인정욕구를 내려놓으라는 조언을 들으면 남들과 다를 바 없어질 수도 있습니다. 한 남성은 일을 척척 해내는 자신의 모습을 자랑스레 여겼습니다. 하지만 인정욕구로 괴로워하는 사람들을 다룬 뉴스 기사에서 인정욕구를 내려놓으면 편해진다는 조언을 읽고는 잠시 생각에 잠겼습니다.

'나는 내 유능함을 자랑스럽게 생각해. 할당량을 달성하기 위해 안간힘을 썼고, 더 성장하겠다는 일념 하나로 공부도 게을리하지 않았어. 물론 힘들지 않았다면 거짓말이겠지. 이렇게 악착같이 일할 것 없이 적당히만 하면 분명히 여유로워질 텐데.'

'내 주변에도 업무를 대충 끝내는 사람이 있기는 하지만, 그렇게 설렁설렁 일하고 싶지는 않아. 적당히 일하면 편하기야 하겠지만 만족감이나 성취감도 느낄 수 없을 테고 의욕도 생기지 않겠지.'

이런 생각 때문에 결국에는 인정욕구 내려놓기를 포기하고, 지금껏 일해온 방식대로 밀어붙였습니다.

일 잘하는 사람은 주변 사람들에게 유능한 사람으로 인정받고자 하는 마음이 강합니다. 강한 인정욕구 덕분에 업무 능력이 점점 향상된다는 장점은 있습니다. 현역 운동선수들을 보면 인정욕구가 너무 높아서 좌절을

인정욕구를 현명하게 다루는 법

겪기도 하지만, 인정욕구를 원동력 삼아 좋은 성적을 거두기도 합니다. '유능한 사람으로 인정받고 싶다', '믿음직한 사람으로 인정받고 싶다'라는 생각으로 노력하는 사람들은 인정욕구에 휘둘리고는 있지만, 이 인정욕구 덕분에 성장할 수 있었던 것입니다.

일, 공부, 운동, 예술 등 어느 분야에서나 성장하기 위해서는 끈질기게 노력해야 합니다. 그 노력을 인정욕구에서 비롯된 행동이라는 이유로 부정하지 마세요. 섣불리 부정해버리면 힘들게 오른 성장 궤도에서 벗어날 수도 있습니다.

답답함의 이면에 숨은
인정욕구를 깨닫자

중요한 것은 인정욕구를 무조건 부정할 것이 아니라 인정욕구가 주는 좋은 영향과 나쁜 영향을 구분하는 것입니다. 인정욕구 덕분에 악착같이 노력해서 업무 능력이 향상되거나 주변 사람들을 배려해서 원만한 인간관계를 쌓는 점은 인정욕구의 좋은 영향이라고 할 수 있습니다. 앞서 했던 말을 다시 강조하자면, 사람들에게 인정받고자 어느 정도 무리하는 것은 절대 나쁘다고 할 수

인정욕구를 현명하게 다루는 법

없습니다.

문제는 지나치게 무리한 탓에 마음이 피폐해질 정도로 스트레스를 받는 경우입니다. 예를 들면, 주변에서 자신을 보는 시선에 따라 태도를 조정하는 것은 인간관계에서 어느 정도는 필요한 행위입니다. 소속집단에 따라 어울리는 캐릭터를 연기하는 경우도 있겠지요. 그러나 때로는 캐릭터에 얽매여 무리하면서까지 자신을 억누르면 답답해질 때가 있습니다. 그럴 때는 잠시라도 좋으니 자신을 돌아보아야 합니다.

20세 전후 대학생 약 200명에게 조사를 진행한 결과, 22.1%가 '내 캐릭터가 답답하게 느껴질 때가 있다', 45.2%가 '내가 생각하는 내 이미지와 친구가 생각하는 내 이미지가 다른 것 같다', 35.7%가 '친구들이 내가 원하는 이미지대로 봐주지 않는다'라고 대답해 젊은 세대가 자신의 캐릭터에 얽매인 채 힘겨워한다는 사실을 알 수 있었습니다.

그리고 '다른 캐릭터로 바꾸고 싶다는 생각이 들 때도 있다'라고 대답한 사람도 31.3%나 되는 것으로 나타났습니다. 다만 한 번 굳어진 캐릭터를 바꾸는 일은 그렇게 간단하지 않다는 사실, 여러분도 잘 알고 계시겠지요. 놀림당하는 캐릭터는 장난이 지나치다고 느끼면 참지 못하고 화내기 일보 직전까지 가기도 합니다. 그런데도 화를 내면 캐릭터에 맞지 않으니 안간힘을 쓰며 참습니다. 유머러스한 캐릭터는 고민이 있어서 누군가를 웃길 기분이 아닌데도 사람들과 만나면 애써 밝은 얼굴로 농담을 던집니다. 이런 것들이 쌓이고 쌓여서 스트레스가 되는 것이지요.

굳어진 캐릭터의 힘은 이 정도로 강력합니다. 누구 하나 빠짐없이 주변의 시선에 강하게 얽매여 있는 것입니다. 그 자리에 어울리는 캐릭터를 연기하기만 하면 소속욕구나 인정욕구가 채워지기 때문입니다.

자신의 평소 모습을 돌아보고, 힘에 부치거나 스트레

인정욕구를 현명하게 다루는 법

스가 쌓인 듯하다면 인정욕구 사용법을 조금 조정해야 합니다. 이러한 경우에는 우선 스트레스 대처를 해야 합니다.

비슷한 강도의 스트레스를 받아도 우울해지거나 컨디션이 나빠지는 등 스트레스 반응이 일어나기 쉬운 사람이 있고, 스트레스 반응이 잘 일어나지 않는 사람이 있습니다. 후자는 평소 스트레스 대처를 잘하는 사람이지요. 이때 스트레스에 대처하는 행동 방법을 '스트레스 대처stress coping'라고 합니다.

스트레스를 극복하기 위해서는 스트레스 반응을 관리하는 방법과 구체적인 스트레스 대처 유형을 알아야 합니다. 이를 바탕으로 여러분의 스트레스 대처 스타일을 정하는 것이 중요합니다. 그러려면 실천 가능한 스트레스 대처 루틴을 생각해두는 편이 좋겠지요.

스트레스 대처에도 여러 가지가 있지만, 특히 유용한 것이 기분을 전환하는 '정동발산형情動発散型' 스트레스 대처입니다. 뒤에 나오는 목록에 자세한 내용이 나와 있습니다. 이 예시를 참고로 여러분의 스트레스 대처 루틴을 만들어서 실천에 옮겨보세요. 설령 스트레스를 받더라도 스트레스 대처가 잘 되면 질병으로 이어질 확률은 낮습니다.

스트레스에 강한 사람은 스트레스가 너무 많이 쌓이지 않도록 취미활동에 시간을 쏟거나 기분전환을 하는 등 평소 스트레스 대처에 신경 씁니다. 스트레스에 시달리고 있다는 느낌을 받으면 평소보다 더 의식해서 스트레스 대처를 하는 사람도 있지요.

- 스트레스가 쌓이면 친구와 함께 노래방에서 마음껏 소리 지르며 스트레스를 푼다.
- 조금 짜증 나는 일이 있으면 친구와 함께 단골 가게에서 먹고 마시며 수다를 즐긴다.
- 기분 나쁜 일이 있으면 맛있는 음식을 잔뜩 먹으며 스트레스를

인정욕구를 현명하게 다루는 법

정동발산형 스트레스 대처

01 집에 오면 좋아하는 음악을 듣는다.

02 집에 오면 좋아하는 영화나 드라마를 본다.

03 퇴근길에 좋아하는 디저트나 음료를 사서 귀가 후 느긋하게 즐긴다.

04 퇴근길에 고급스러운 식사를 한다.

05 퇴근길에 피트니스 센터에 들러 운동을 한다.

06 퇴근길에 자주 가는 주점에 들러 수다를 떨거나 노래를 부른다.

07 휴일에 쇼핑하러 가거나 맛있는 음식을 먹는다.

08 휴일에 친구와 함께 테니스나 풋볼, 볼링 같은 운동을 한다.

09 휴일에 친구와 함께 노래방을 간다.

10 휴일에 경기 관람을 하러 간다.

11 휴일에 미술관이나 콘서트에 가는 등 문화생활을 즐긴다.

12 주말에 단짝과 밥을 먹으며 이런저런 수다를 떤다.

13 날씨 좋은 휴일에 등산을 하며 자연에 푹 파묻힌다.

14 휴일에 가까운 온천에 가서 여유를 즐긴다.

15 연휴에 여행을 간다.

푼다.

- 좋아하는 스포츠 경기를 주기적으로 보면 스트레스가 쌓일 틈이 없다.

이 예시는 스트레스 대처의 일부일 뿐입니다. 친구와 일정이 맞지 않을 때도 있고, 시즌이 아닐 때는 좋아하는 경기를 관람할 수 없을 때도 있으니 스트레스 대처 방법은 다양하게 만들어두는 것이 좋습니다.

인정욕구를 현명하게 다루는 법

근거 없는 예측은
절대 금물

오늘날은 자기애의 시대라고 할 만큼 자기애가 넘쳐나는 시대입니다. 셀카 포스팅이나 사람들의 이목을 끌려는 장난글이 그 상징이라고 할 수 있지요. 시대가 시대인 만큼 현실과 동떨어진 자아상을 가진 사람들이 많습니다. 비현실적인 자아상은 근사하고 유능한 자신과 주변 사람들에게 인기 많은 자신의 이미지에 금이 가지 않도록 환상적 전능감*에 필사적으로 집착합니다.

따라서 불가능한 일에는 애써 도전하지 않고 못 본 척하며 허세를 부립니다. 이때 필요한 것이 사람들의 인정과 칭찬입니다. 계속해서 인정받거나 칭찬받지 못하면 자기애로 넘치는 자아상이 유지되지 못하고, 환상적 전능감이 무너지게 됩니다.

인정욕구가 강한 나머지 타인에게 인정받지 못하면 공격적인 반응을 보이기도 합니다. '왜 나를 인정해주지 않는 거지?' 인정과 칭찬을 요구하는 것처럼 타인에게 의존하려는 심리가 강하면 상처받으려는 순간 피해의식이 발동되어 공격적인 반응을 보이는 것이지요. 이는 동물의 일반적인 방어 본능인데, 자신감이 없고 불안감이 심해지면 이런 반응이 쉽게 나타납니다.

예를 들어, 타인의 사소한 말이나 태도에 과민반응합니다. 상대방이 악의 없이 던진 말에도 '날 바보로 아는

---

* 자신이 원하는 대로 자신이 속한 환경과 그 안에 살고 있는 사람들에게 절대적인 권력과 통제력, 영향력을 가지고 있다고 믿는 것으로 자만심, 거만함과 관련이 있다. - 옮긴이

인정욕구를 현명하게 다루는 법

건가?'라며 과민반응하고, 상대방이 내 말을 눈치 못 챘을 뿐인데도 '무시당했네'라며 예민하게 반응합니다.

대수롭지 않은 일에도 자신이 완전히 부정당한 것처럼 욱하는 이유는 자기애적 상처로 허세 부리는 자신이 무너져버릴 듯한 공포를 느끼기 때문입니다. 환상적 전능감이 상실되어 자신을 지켜주는 보호막이 없어진다는 두려움 때문에 공격적인 반응이 나오는 것입니다.

기대했던 평가나 칭찬을 받지 못할 때나 자신이 원하는 대로 되지 않을 때 공격성이 폭발합니다. 게다가 상대방은 아무런 악의가 없으며, 일방적으로 공격적인 태도를 보이는 사람은 자신인데도 아랑곳하지 않고 마치 자신이 공격당한 것처럼 피해의식에 사로잡혀 마구 화를 냅니다.

이는 너무나도 강렬한 자기애가 저하된 자신감과 융합할 때 일어나는 현상입니다. '다들 내 뜻에 따라주겠지', '모두 나에게 잘 대해주겠지'라는 자기중심적 사고 때문에 기대한 만큼의 반응을 얻지 못하면 과민반응을 보이는 것입니다. '좋게 평가해주지 않는다', '미리 준비해놓지 않는다'라며 터무니없는 앙심을 품는 경우도 주변 사람을 향한 자기중심적이며 의존적인 기대감이 피해의식을 자극하는 것입니다.

일이 생각대로 진행되지 않는 이유가 자신의 능력 부족인데도 나를 좋게 평가해주지 않는 타인의 탓, 미리 준비해놓지 않는 상대방의 탓으로 돌리면 환상적 전능감을 유지할 수 있는 것이지요.

생각대로 되지 않아 자기애적 상처를 받을 듯하면 우울해지는 유형도 있습니다. 여기서 말하는 우울은 일반적으로 착실하고 책임감 강한 사람이 자책감에 시달리는 멜랑꼴리형이 아닙니다. 책임감이 부족하며 타인이나 조직을 탓하는 유형으로, '신형 우울증'이나 '현대형 우울증'이라고 불리기도 합니다.

일은 아무렇지 않게 쉬면서 놀기는 게을리하지 않습

인정욕구를 현명하게 다루는 법

니다. 감정 기복이 심하고, 상대방의 사소한 한마디에 상처받으며, 당사자에게 책임을 묻거나 자신이 받은 피해를 하소연합니다. 우울을 숨기려고 하지 않고, 오히려 우울하다며 특별한 대접을 바랄 때도 있습니다. 즉, 이기적이고 자기중심적인 우울입니다.

이처럼 비정상적으로 강한 피해의식과 공격성, 우울함 또한 환상적 전능감에 필사적으로 매달리는 건 자기애가 상처받지 않으려는 몸부림이라고 할 수 있지요. 주로 무력한 자신의 현실을 마주하게 될 때 나타납니다.

이렇듯 공격적인 태도로 돌변하는 경우뿐만 아니라 상대방의 인정을 받을 수 있을지 없을지 불안할 때 무심코 상대방의 반응을 넘겨짚기 쉽습니다. 예를 들어, 가까운 관계로 발전하기를 원하지만 좀처럼 친한 상대가 없다는 사람은 불안한 나머지 상대방을 멀어지게 하는 태도를 보일 때가 있습니다.

불안의 중심에는 상대방의 시선이 자리 잡고 있습니다. 더 자세히 말하자면, '긍정적으로 봐줬으면 좋겠지만 상대방이 나를 어떻게 생각하는지 모르겠다', '호감 가는 사람으로 비칠 자신이 없다'는 생각 때문에 불안이 걷잡을 수 없이 커지는 것입니다.

타인의 시선이나 평가는 누구나 신경 쓰이는 법입니다. 타인에게 좋은 이미지로 평가받으면 자신감이 높아지지만, 부정적인 반응이 돌아오면 자신감은 무너지고 기분이 우울해집니다. 4장에서도 말했듯이, 동양인은 특히 타인의 시선을 의식하는 경향이 있습니다. 서양인과 비교했을 때 누가 뭐라고 하든 '내가 이런 사람이다'라며 자신감 있게 말할 수 있는 사람이 많지 않은 것도 사실입니다.

일로 만난 사람에게는 업무적인 능력 외에 사적으로 인정받고자 하는 욕구가 크지 않습니다. 하지만 가까운 사이로 발전하면 점점 '나를 더 보여주고 싶다', '나를

인정욕구를 현명하게 다루는 법

알아줬으면 좋겠다'라는 마음이 생기고, 상대방이 자신을 어떻게 생각할지 신경 쓰기 시작합니다.

이성에게 데이트 신청을 받거나 친구에게 놀러 가자는 제안을 받으면 처음에는 기뻐하지만 머뭇거리다가 결국 핑계를 대며 거절하는 사람은 상대방에게 호감 가는 사람으로 보일 자신이 없을뿐더러 상대방의 시선을 유난히 의식하기 때문입니다. 상대방의 시선을 지나치게 의식하는 사람은 큰맘 먹고 데이트 신청을 받아들이더라도 불안과 끊임없이 싸웁니다.

'같이 있는데도 지루하다고 생각하지 않을까?'
'나 말고도 재미있는 사람들 많을 텐데.'
'분명히 재미없는 사람이라고 생각할 거야.'
'불러낸 걸 후회하고 있지는 않을까?'
'이제 다음에는 안 불러주겠지.'

이러한 생각이 머릿속을 떠나지 않습니다. 놀이공원에서 놀고 있어도, 쇼핑몰에서 쇼핑이나 식사를 하고 있어도 즐거움을 온전하게 느낄 여유가 없습니다. 상대방은 걷다 지쳐 조금 지친 표정을 지었을 뿐인데 '나랑 있어서 지루하다고 느끼는 거겠지?'라며 곡해하거나, 상대방도 말주변이 없어서 조용히 있었을 뿐인데 '그럼 그렇지. 나랑 얘기하는 게 즐겁지 않은 거야'라며 넘겨짚습니다. 상대방은 데이트를 한껏 즐기고 있는데 '지겹다고 생각하려나? 만나는 건 오늘로 마지막이겠지?'라며 비관적으로 생각하니, 태도도 어색해지고 결국에는 스스로 데이트 분위기까지 망쳐버리게 되지요.

상대방이 자신에게 질렸을까 봐 일부러 만나자는 제안을 거절하는 사람도 있습니다. 너무 자주 만나면 싫증을 낼지도 모른다는 생각에 도망치려고 하는 것이지요. 그러면 상대방은 자신을 피한다고 생각해서 더는 부르지 않게 됩니다. 결국 상대방의 마음을 과하게

인정욕구를 현명하게 다루는 법

신경 쓴 나머지 스스로 기회의 싹을 잘라버리는 것입니다.

상대방의 언동을 억측하는 것은 금물입니다. 힘들게 쌓아 올린 관계를 헛되게 하지 않기 위해서라도 인정욕구가 일으킬 수 있는 문제에 대해 알아두고, 인정욕구를 잘 다루는 것이 중요합니다.

억지로 좋은 사람인 척
연기하지 않기

상대방을 배려하면 원만한 관계를 쌓을 수 있지만, 지나치면 독이 됩니다. 인정욕구를 채워야 한다는 강박 때문에 좋은 사람이 되고자 아등바등하면 스트레스가 쌓여서 쉽게 피로해지고, 한계에 다다른 인내심이 폭발하면 관계가 악화되기도 합니다.

배려심이 많고, 민폐 끼치지 않도록 항상 조심하며, 뻔뻔하게 자기주장하지 않고 주변 사람들에게 맞추는

인정욕구를 현명하게 다루는 법

사람은 주변 평판이 좋아서 사는 데 어려움이 없을 것 같지만 그렇지도 않습니다. 원체 배려심이 많아 이기적으로 행동하지 않는 사람은 아무런 문제가 없지만, 억지로 좋은 사람인 척 연기하는 사람은 상당한 스트레스를 받고 있을 가능성이 있습니다. 또 자신은 인지하지 못하지만, 무의식중에 무리하는 경우도 있습니다. 어릴 적부터 사람들의 눈치를 보는 버릇이 몸에 배어버린 유형을 자주 볼 수 있지요.

30대 여성 M 씨는 금세 동요하고 화내며 울음을 터뜨리는 등 정서적으로 불안한 어머니 밑에서 자랐기 때문인지 어릴 적부터 주변 사람들을 유난히 신경 쓰며 살아왔습니다.

"지금 생각해보면 어머니는 굉장히 미성숙한 사람이었어요. 생각대로 안 되면 곧바로 감정적으로 변해요. 이웃이나 친척에 대한 하소연을 자주 늘어놓았어요. 아버지 얘기만 나오면 매일같이 우는소리를 했고요. 자기는 늘 모두를 위해 희생하다 보니 얻는 건 아무것도 없다고 불평만 했어요. 어머니가 행복해했던 모습은 기억이 잘 안 나네요."

그러나 어머니는 자신의 불안정한 모습 때문에 자녀들이 스트레스를 받았다는 자각은 전혀 하지 못했던 듯합니다.

"어머니는 자식을 끔찍이 위하는 부모였다고 생각하는 모양인데, 사실은 자기 코가 석 자라 제가 고민을 털어놓아도 동요만 할 뿐 도움이 되는 조언은 해주지 않았어요. 좀 더 부모 노릇을 해줬으면 해서 반항한 적도 있는데, 어머니는 자신이 이렇게 고생하면서 노력하고 있는데 너는 알기나 하냐면서 울음을 터뜨리더라고요."

"항상 어머니가 부담을 느끼거나 동요하지 않도록 눈

인정욕구를 현명하게 다루는 법

치 보면서 살아와서 그런지 어느샌가 주변 사람들 앞에서도 저를 억누르고, 상대방이 부담스럽지 않도록 눈치 보면서 행동하는 게 습관이 됐어요. 사람들의 시선을 너무 많이 의식해서 자유롭게 행동하지 못하는 이유도 어머니와 관계가 있지 않을까요?"

M 씨는 이렇게 자기분석을 한 후, 이어서 얼마 전 연인과 크게 싸운 이야기를 꺼냈습니다. 발단은 정말 사소한 일이었는데, 말다툼하는 도중에 남자친구가 화를 내면서 다음과 같은 말을 했다고 합니다.

"다른 사람들 앞에서 착한 척하는 것도 어느 정도여야지. 그렇게 착한 사람 연기하면서 이런저런 감정들이 쌓이니까 나한테는 대수롭지 않은 일로도 폭발하는 거야. 내가 너랑 제일 가까운 사이인데도 말이야. 매일 네 투정 받아주는 것도 힘든데, 이제는 이런 일로 말싸움까지 해?"

    어릴 적부터 어머니에게 부담 주기 싫어 꾹 참아왔던 감정을 남자친구에게 쏟아내고 있다는 사실을 깨달은 것입니다. 남자친구에게 속사정을 털어놓으며 진심으로 사과한 끝에 화해할 수 있었고, 이 일이 서로를 더 알아가는 계기가 되었다고 합니다.

    M 씨는 어머니가 정서적으로 미성숙했던 탓에 영유아기 애착 형성이 제대로 이루어지지 않아 '유기불안 abandonment anxiety'이 강하게 나타난 사례입니다. 유기불안이란, 상대에게 버려지지는 않을지, 기껏 가까워졌는데 멀어지지는 않을지 불안해하는 상태를 가리킵니다.

    '유기불안이라니 나에게는 먼 나라 이야기다', '타인에게 버림받다니, 그런 건 생각해본 적도 없고 실제로 누군가에게 버림받은 적도 없다'라고 생각하시는 분도 많을 테지만, 마음속에 잠재적으로 유기불안을 안고 있는 사람은 생각보다 많습니다. 지금까지 누군가와 친해지면 그 사람이 영원히 떠나버리지는 않을지, 이 관계가 순식간에 끝나버리지는 않을지 불안한 적은 없었는지요?

이 두려움은 유기불안에서 비롯된 심리입니다. 잠재적으로 유기불안을 안고 있는 사람은 친한 친구나 연인이 생기면 매우 기뻐하다가도, 커지는 불안에 휩싸여 친밀한 관계를 즐길 마음의 여유를 잃고 오히려 괴로워합니다. 기껏 돈독한 사이로 발전했는데 되레 괴로워하는 것처럼, 유기불안에 자꾸 시달리다 보면 누군가와 친해지기를 두려워하는 경우도 있습니다.

M 씨는 쓸데없는 말을 하면 어머니가 혼란스러워하고, 어머니에게 괜한 미움만 산다는 생각에 언제나 어머니의 눈치를 살피면서 자랐습니다. 이러한 대인관계는 다른 사람을 대할 때도 예외는 아니었습니다. 남의 눈치를 보면서 좋은 사람을 연기해왔으니 스트레스가

쌓이는 것도 당연하지요. 그래서 가장 가까이에서 어리광을 받아주는 연인에게 터뜨립니다. 긴장이 풀린 나머지 연인 앞에서는 자신도 모르게 감정적이고 이기적인 모습을 보여주는 것입니다.

이렇게 되면 자신을 가장 잘 받아주는 사람에게 부담을 안겨주는 꼴이 됩니다. 만약 인간관계에서 적당히 거리를 둘 때는 큰 문제가 없지만, 가까워진 후에는 끝없는 싸움을 계속하다가 파국을 맞이하는 과정이 반복된다면 마음속 깊은 곳에 있는 유기불안에 휘둘리고 있을지도 모릅니다.

타인과 친밀한 사이로 발전하기 위해서는 주변 사람들의 눈치만 보지 말고, 좋은 사람이 되고자 무리하지 않는 선에서 자신과 바로 마주하는 것이 중요합니다.

SNS를 똑똑하게
이용하는 법

인정욕구에 휘둘리지 않으려면 SNS와 거리를 두는 것도 매우 중요합니다. SNS는 여러 사람과 소통할 수 있는 편리한 도구이기는 하지만, 신경 써야 할 상대를 대폭 늘리는 도구이기도 합니다. 게다가 함께 있을 때뿐만 아니라 어디에서 뭘 하든 SNS로 이어진 수많은 사람을 종일 신경 써야 합니다.

SNS는 기본적으로 한 컷의 이미지와 텍스트가 중심

이 되는 커뮤니케이션 수단입니다. 그러다 보니 진짜 표정이나 목소리도 알 수 없는데 문장에서 건조함마저 느껴지니 불안해지는 경우도 있을 것입니다. 이를 피하고자 이모티콘을 쓰기는 하지만, 이모티콘이 없으면 없는 대로 신경 쓰입니다. 상대방은 단순히 시간이 없어서 필요한 말만 했을 뿐이고, 자신에게 부정적인 감정이 전혀 없을지도 모르는데 자꾸 마음에 걸리는 이유도 늘 SNS로 이어져 있기 때문입니다.

또 늘 수많은 사람과 SNS로 이어져 있는 탓에 행동 하나하나가 인정욕구에 지배당합니다. 팔로워나 '좋아요' 수가 숫자로 표시되기 때문에 아무래도 그 숫자를 의식하게 되지요. 팔로워 수로 평가받는다는 인식 때문에 되도록 많은 연결고리를 만들고자 안간힘을 씁니다. '좋아요' 수를 늘리기 위해 웃긴 말을 해야 한다는 압박에 시달리고, '좋아요' 수가 적으면 의기소침해집니다.

이처럼 SNS라는 소용돌이에 휘말리면 더는 손쓸 수

인정욕구를 현명하게 다루는 법

없을 정도로 많은 사람의 시선을 의식하게 됩니다. 사람들의 이목을 끌고 싶다는 욕심이 화가 되어 논란이 될 만한 게시글이나 허세로 가득한 게시글을 올리기도 합니다.

많은 사람들이 '인스타그램 감성'이라는 말을 듣기 위해 자신이 얼마나 화려한 생활을 하는지, 얼마나 행복한 하루하루를 보내는지 과시하듯 앞다투어 사진을 올립니다. 그 사진을 보고 부러운 동시에 자신이 초라해진다는 사람도 있지만, 억지로 화려하게 꾸미고 행복한 척하는 모습이 부자연스럽고 거부감이 들어서 눈살이 찌푸려진다는 사람도 있습니다.

실제로 연인이 없는데도 있는 것처럼 글을 쓰거나, 행복한 척 보여주기 위해 돈을 내면서까지 친구나 연인의 역할을 부탁하는 일도 있다고 합니다. 그러나 이런 행동은 하면 할수록 스스로에 대한 자신감만 없어질 뿐입니다. 자신감이 없으니 더더욱 타인의 시선에 얽매이고, 인정받기 위해 안간힘을 쓰게 되지요. 그야말로 악순환입니다.

3장에서 인정욕구가 강한 사람일수록 인스타그램이나 트위터를 장시간 이용하는 경향이 있으며, 인정욕구가 그다지 심하지 않은 사람은 상대적으로 SNS를 적게 이용한다고 말했습니다. 아울러 인정욕구가 강한 사람일수록 스마트폰 의존도가 높지만, 인정욕구가 강하지 않은 사람은 스마트폰에 의존하지 않는다는 사실도 언급했습니다.

채워진 욕구는 인간을 더 부추기지 않는다는 이론으로 보면, SNS에 의존하는 사람은 현실에서 인정욕구를 채우지 못하고 있는 것입니다. 게다가 인정욕구가 심할 경우 '좋아요'가 없으면 민감해지기 쉽고, '좋아요'를 받더라도 그 수가 적으면 부정적인 감정에 빠지기 쉽다는 사실도 밝혀졌습니다. 그러면 상대방의 반응 하나하나에 마음이 롤러코스터를 타고, 평온한 생활은 꿈도 꿀

인정욕구를 현명하게 다루는 법

수 없게 되지요.

우리가 진정으로 신경 써야 하는 건 소중한 사람들이나 공부, 일, 취미에 집중하면서 보람찬 생활을 보내는 것입니다. SNS로 인정욕구를 채우기보다는 현실에서 인정욕구를 채우는 방향으로 바꿔야 합니다.

나를 찾은 한 내담자는 인정중독에 빠져 자신이 얼마나 보람찬 생활을 하는지 자랑하는 듯한 사진을 올리느라 아등바등하고, 그 사진에 달리는 '좋아요' 수나 친구들의 반응에만 신경 쓰던 사람이었습니다. 하지만 이런 생활이 반복되는 하루하루가 지겨워지기 시작해서 큰맘 먹고 사진 업로드를 중단해봤다고 합니다. 그 후 마음이 가벼워지고 본래 자신의 모습으로 되돌아왔다며 매우 기뻐했습니다.

함께하는 사회에서 타인의 시선을 어느 정도 의식하는 것도 필요하지만, SNS로 사람들과 이어지게 되면 타인의 시선이라는 덫에 걸려 정신이 피폐해질 수 있습니다. 그런 위험을 피하기 위해서라도 SNS를 멀리하고, 타인의 시선에서 벗어나는 시간을 갖는 것이 중요합니다.

인정욕구를 현명하게 다루는 법

진솔한 인간관계
만들기

인정욕구에 휘둘리지 않기 위해서는 절친한 사람과 진솔하고 깊은 관계를 유지하는 것이 중요합니다. 인정욕구는 서로 솔직하게 속마음을 보여줄 수 있는 관계 속에서 건강하게 채워질 수 있습니다. 채워진 인정욕구는 사람을 부추기지 않으므로 인정욕구에 휘둘리거나 인정중독에 빠질 일도 없지요.

문제는 자신을 솔직하게 보여주면서 관계를 맺기가

쉽지 않다는 점입니다. 나를 거짓 없이 드러내고 싶지만 드러내기가 무섭다는 심리가 작용합니다. 이른바 자기제시를 둘러싼 갈등이지요.

자기제시는 자신의 생각이나 경험을 솔직하게 보여주는 행위인 동시에 심리적 거리의 기준점으로 알려져 있습니다. 서로를 얼마나 알고 있는지에 따라 심리적 거리를 짐작할 수 있습니다.

그런데 인간관계에 서툴거나 스스로 자신감이 없으면 과감히 자기제시를 할 수 없습니다. 쉽게 친분을 쌓을 수 없는 것도 이런 이유 때문입니다. 그렇다면 무엇이 자기제시를 주저하게 만드는 것일까요? 자기제시를 억제하는 요인에 대해 조사해본 결과, 세 가지가 발견되었습니다.

첫 번째 요인은 현재의 관계가 무너지는 것에 대한 불안입니다. 즐거운 분위기를 망치지는 않을지 불안해하거나, 필요 이상으로 가까워져서 상처를 주거나 받을까 봐 두려워하는 심리가 반영된 것입니다. 주로 이런 생각을 가리킵니다.

'진지하게 속마음을 털어놓을 만한 분위기는 아니다.'

'지나치게 진지하지 않은 관계, 같이 있으면 즐거운 관계를 원한다.'

'필요 이상으로 친해져서 상처를 주거나 받는 것이 싫다.'

'내가 한 말이 다른 사람의 귀에 들어가는 것이 싫다.'

두 번째 요인은 두터운 상호이해에 대한 부정적 감정입니다. 자신과 타인의 다름을 과대시하고, 상호이해를 비관적으로 보는 심리가 작용한 것입니다.

'나의 생각이나 기분을 이해할 수 있는 사람은 아무도 없다.'

'사람들에게 나의 생각이나 경험을 말해봤자 아무 소용이 없다.'

'서로에 대해 너무 깊게 알 필요는 없다.'

'아무리 가까운 사이라도 감수성이나 관점, 사고방식은 다른 법이다.'

세 번째 요인은 상대방의 반응에 대한 불안입니다. '상대방이 나의 이야기에 공감해줄지 잘 모르겠다', '쓸데없는 것을 심각하게 생각한다며 무시할 것 같다'와 같이 상대방의 반응에 불안해하는 심리가 영향을 미친 것입니다.

'상대방도 같은 생각인지 아닌지 알 수가 없으니 불안하다.'

'대수롭지 않은 일을 심각하게 받아들인다고 생각할까 봐 싫다.'

인정욕구를 현명하게 다루는 법

'의견 충돌은 피하고 싶다.'

'유난스러운 사람이라고 생각할까 봐 신경이 쓰인다.'

상대방과 가까워지기를 원하지만, 마음 열기가 두려워 좀처럼 심리적 거리를 좁히지 못하는 사람은 첫 번째 요인과 세 번째 요인의 불안심리를 안고 있는 것입니다. 이런 생각 때문에 마음을 쉽게 열지 못하지요. 실제로 약 150명의 대학생에게 '평소에 자주 대화하는 친구에게 자신의 생각을 솔직하게 터놓는가'를 주제로 조사를 진행한 결과, 학생 대부분이 솔직하게 이야기하기는 어렵다고 대답했습니다. 그리고 앞서 언급한 세 가지 요인 중 한 가지를 이유로 들었는데, 대표적인 반응은 다음과 같았습니다.

"상대방의 반응이 신경 쓰여서 개인적인 일이나 진짜 속마음은 말할 수 없어요. 스스로 자신감이 없기도 하고, 상대방이 어떻게 생각하는지 눈치를 살피느라 제대로 의견도 말하지 못해요."

"친구에게 진심을 말하려다가도 나를 이해해주지 못할까 봐 포기하게 돼요. 속마음을 말하려면 용기가 필요해요."

"다른 사람들의 생각이 신경 쓰여서 그런지 내 생각을 말하려면 상당한 용기가 필요해요."

"내가 생각해도 타인의 시선을 지나치게 의식하는 것 같지만 어쩔 수 없어요. 자신의 생각을 솔직하게 말할 수 있는 사람들이 부러워요. 자신감 넘치는 사람이 아니면 말할 수 없을 것 같아요."

"다른 사람들과 생각이 다르면 소외당할지도 모른다는 두려움 때문에 내 생각을 똑소리 나게 말하기 어려워요."

"내 생각을 친구에게 솔직하게 말할 수가 없어요. 미움받는 게 두려우니까요."

　　　　　　　　　인정욕구를 현명하게 다루는 법

"의견이 다르면 힘들게 유지해온 관계가 틀어질까 봐 쉽게 말할 수 없어요."

"자신의 의견을 말할 수 있는 사람은 소수에 불과하다고 생각해요. 나도 그 분위기에 어울리는 말을 하거나, 상대방이 좋아할 만한 의견을 내요."

"'이런 말을 하면 기분이 상하지는 않을까?', '감수성이 다르면 말하기 힘들지도 몰라'라는 생각에 어떤 말을 꺼내야 할지 오랫동안 고민해요."

이처럼 현재의 관계가 무너질까 봐 두려워하거나, 상대방의 반응을 신경 쓰느라 자신의 의견을 솔직하게 말하지 못하는 사람이 많습니다. 특히 젊은 층에 이런 심리가 널리 퍼져 있다는 사실을 알 수 있습니다. 자신뿐만 아니라 상대방도 허울 좋은 이야기만 나누는 관계보다는 그 이상의 이야기까지 솔직하게 털어놓을 수 있는 관계가 되기를 원할지도 모릅니다. 하지만 먼저 다가가기가 쉽지 않지요.

그 이면에는 자기제시를 억제하는 요인 중에서도 '현재의 관계가 무너지는 것에 대한 불안'(첫 번째 요인)과 '상대방의 반응에 대한 불안'(세 번째 요인)이 숨어 있는 것은 아닐까요?

인정욕구를 현명하게 다루는 법

자기제시가
필요하다

분위기가 화기애애해도 '진정한 나'를 보여주지 못하는 분들 많으시지요? 이럴 때는 재미있기는 하지만 마음속 어딘가에서 허전함을 느끼게 되는 법입니다.

20대 여성 N 씨는 친구와 쇼핑하거나 식사하며 연애와 패션 이야기로 수다를 떠는 것이 좋아 자주 만나지만, 도저히 친구에게는 보여줄 수 없는 모습이 있습니다. 고등학교 시절, 고민이 있어 친한 친구에게 털어놓았더니 "어머, 그런 생각을 하는구나. 신기하네"라며 가볍게 무시당한 일이 있었습니다.

사람마다 감수성은 다른 법이고, 이 친구라면 무슨 일이 있어도 알아주리라 기대한 자신이 어리석었는지도 모릅니다. 하지만 아무리 생각해도 충격이었습니다. 왠지 매몰차게 내쳐진 기분이 들어서 그 이후로는 남들에게 자신의 속마음을 보여주지 못합니다.

"사람이 늘 밝을 수는 없잖아요. 기분이 축 늘어질 때도 있고, 불안할 때도 있는데. 다들 내면에 숨겨진 어둠을 끌어안고 있다고 생각하거든요. 그래도 친구랑 있을 때는 이런 어두운 모습은 감추고 밝은 모습만 보여주려고 해요. 그런데 이건 가짜 관계가 아닌가 하는 생각이 들기도 해요. 답답한 것 같기도 하고…. 있는 그대로의 나를 보여주면 참 좋을 텐데."

인정욕구를 현명하게 다루는 법

이렇게 마음속에 응어리진 생각을 솔직하게 이야기해주었습니다. 다 같이 떠들썩하게 노는 것도 재미있고, 노래방에서 분위기 띄우는 것도 좋아하며, 자신도 그런 자리를 즐깁니다. 하지만 남들 앞에서는 솔직하지 못한 자신의 모습에 우울해지기도 합니다. 가끔은 어떤 모습이 진정한 자신인지 헷갈립니다.

"그런데 어떤 모습이든 그것도 저잖아요. 친구와 있을 때는 활기찬데, 혼자 있을 때는 제 안에 있는 어둠이 고개를 드는 느낌이랄까요? 그래서 일부만 보여줄 수밖에 없다는 점 때문에 더 씁쓸해지는 것 같아요."

꽤 정확한 자기분석이지요? 사람은 누구나 밝은 모습만 보이며 살지는 않습니다. 짜증이나 화가 나서 마음이 심란할 때도 있고, 생각처럼 되지 않아서 속이 탈 때도 있지요. 마음에 상처를 받을 때도 있는가 하면, 그 어느 때보다 침울할 때도 있습니다. 근심으로 잠 못 이룰 때도 있고, 불안에 시달리는 나날을 보낼 때도 있습니다. 당연한 일입니다.

이런 자신의 모습을 구석구석 솔직하게 터놓을 수 있는 사람이 있다면 얼마나 행복할까요? 하지만 상대방의 반응을 의식하거나 미리 겁을 먹고 밝은 모습만 보여주며 관계를 이어 나가려고 하는 사람이 대부분입니다. 그러면 분위기는 좋아질지 몰라도, 자신을 온전히 보여주지 못하는 답답함은 늘 있겠지요. 그 답답함이 부족함을 느끼게 합니다. 같이 있거나 신나게 떠들어도 어딘가 서먹한 거리감이 느껴지는 것입니다. 그렇다면 우리는 어떻게 해야 할까요?

서로 인정해줄 만큼 가까운 관계로 발전하기 위해서는 자신을 거리낌 없이 드러내야 합니다. 하지만 그 한 걸음을 내딛는 것이 그렇게 간단하지는 않지요. 앞서 살펴본 것처럼 우리는 상대방의 반응을 두려워하기 때

인정욕구를 현명하게 다루는 법

문입니다. 자신을 거리낌 없이 드러내야 가까운 관계로 이어진다는 사실을 알고는 있지만, 상대방이 어떤 반응을 보일지 모른다는 불안감에 행동으로 옮기지 못하는 것입니다.

인정욕구 중에서도 거부회피욕구는 부정적으로 보이기 싫은 마음이 강한 사람일수록 표면적인 친구 관계를 선호한다는 심리학 연구 결과가 있습니다. 다만 이러한 관계는 서로를 인정해주고, 서로의 인정욕구를 충분히 채워줄 만큼 가까운 관계로 발전하기는 어렵습니다.

자신을 드러내려면, 즉 자기제시를 하려면 한 걸음 내딛는 용기가 필요합니다. 외모에 이끌려 이야기를 나눌 때는 전혀 위화감을 느끼지 못하지만, 용기 내어 깊은 대화를 하게 되자 하나씩 보이는 서로의 또 다른 모습에 자신과는 다른 세상에서 사는 사람이라고 느끼는 경우도 있습니다. 하지만 '어쩔 수 없는 일'이라며 깨끗하게 털어내야 합니다. 맞지 않는 것을 알았으니 다시 거리를 두면 그만이지요. 특히 가치관이 맞지 않는 사람과 가까워지면 얼마 못 가 괴로워질 뿐입니다. 맞지 않는다는 사실을 일찍 알았으니 다행이라고 생각하면 그만입니다.

큰맘 먹고 속마음을 털어놨는데 상대방이 진지하게 반응하지 않고 가볍게 넘긴다면 상처받을 수는 있겠지만, 감수성이 달라 공감받지 못한다는 것과 더는 가까워지기 어렵다는 것을 짐작할 수 있습니다. 또 상대방이 어이없어하거나 무시하는 반응을 보인다면 친하게 지낼 만한 상대는 아니라는 것도 알 수 있습니다. 깊은 사이가 되기 전에 알았으니 다행이라면 다행이지요. 반응과 상관없이 용기를 내어 자신을 보여줬으니 상대방이 어떤 사람인지 파악할 수 있는 것입니다. 자신을 억누르면서까지 허울뿐인 관계를 유지하다 보면 서로 얼마나 맞는지 알 방법이 없지요.

어릴 적부터 친구들과 끈끈한 관계를 유지해온 사람

인정욕구를 현명하게 다루는 법

은 다양한 반응을 경험하고, 자신을 적당히 드러내는 동시에 상대방의 반응을 살피며, 앞으로 얼마나 거리를 두어야 할지 조정하는 마인드 컨트롤에 익숙해져 있습니다. 하지만 친구와 친밀한 관계를 유지해본 적이 없는 사람은 상대방이 부정적인 반응을 보이면 크게 상처받고, 타인에게 쉽사리 마음을 열지 못하게 됩니다. 상대방의 반응이 두렵다면, 사람들은 저마다 어울리는 정도가 달라 어차피 모든 사람과 마음을 나눌 수 없다는 점을 다시 한번 기억하세요.

'이번에는 운이 나빠서 서로 이해할 수 없는 상대를 만난 것일 뿐, 다음에는 어떤 사람을 만나게 될지 모르니 그때가 오면 한 번 더 나를 드러내서 확인해보면 되는 것'이라고 생각하며 시행착오를 두려워하지 않는 것이 중요합니다. 이런 경험을 해본 적은 없나요?

'전에는 이것저것 허물없이 터놓으면서 즐겁게 대화

했는데, 지금은 왠지 어색하다. 표정은 부자연스럽고 말투도 딱딱해서 어딘가 거리감이 느껴진다. 상대방이 화낼 만한 말을 했는지 신경이 쓰여 당시를 떠올려보지만, 딱히 짚이는 구석이 없다. 상대방의 모습이 당황스럽다.'

이는 자신이 상대방에게 상처 주는 말을 한 것이 아니라 오히려 진솔한 대화가 상대방의 유기불안을 활성화한 경우입니다. 분위기에 휩쓸려 자신을 너무 많이 드러내서 불안에 떨고 있는 것입니다. 자신의 생각이나 개인적인 일까지 미주알고주알 이야기한 탓에 상대방이 이상하게 생각하지는 않을지 신경이 쓰여 견딜 수 없는 것입니다. '이상한 녀석이라고 생각하지는 않을까?', '나의 불안한 내면을 들킨 건 아닐까?', '속으로 나를 얕보거나 비웃지는 않을까?'라며 걱정하는 것입니다.

이처럼 자신뿐만 아니라 상대방도 불안해합니다. 서

인정욕구를 현명하게 다루는 법

로 이러한 불안을 극복하지 못하면 친해지기도 전에 또다시 멀어지고 맙니다. 유기불안을 극복하려면 과감히 자신을 보여줘야 합니다. 그러면서 자신감이 생기는 것입니다. '나도 사람들에게 인정받을 수 있다'라고 생각하면 자신을 받아들일 수 있게 됩니다.

용기 내어 자신을 보여주면 왜 자신감이 붙는 것일까요? 그 이유는 누구나 마음속 유기불안을 안고 사는 동시에 타인의 시선을 의식하기 때문입니다. 자신이 마음을 열면 이를 호의적으로 느낀 상대방도 호감을 가지고 자기제시를 합니다. 이렇게 자기제시를 하면 서로의 '유기불안'이 해소되면서 자신감이 생기는 것입니다.

자기제시가 상대방의 호감을 끌어낸다는 사실은 이미 수많은 심리실험을 통해 증명되었습니다. 호감이 없고 신뢰할 수 없는 상대에게는 솔직하게 자신을 내보이지 못하는 법입니다. 그렇기 때문에 자기제시는 호의나 신뢰의 표현으로 받아들여집니다. 그러니 주저하지 말고 자기제시를 해보는 것은 어떨까요?

물론 마음을 열다 보면 때로는 상처받을 때도 있습니다. 그런 생각을 하냐며 무시당하거나, 자신의 이야기가 사람들의 입에서 오르내리거나, 그렇게 진지한 이야기는 들어줄 수 없다며 퇴짜를 맞을지도 모릅니다.

하지만 우리가 마음을 열었는데도 얕보거나 비웃으며 멀리하는 상대방은 애초에 가까운 관계를 유지할 가치가 없는 사람이겠지요. 이 사실을 일찍 안 것만으로도 다행이라 여기고, 그 사람과는 거리를 두면서 관계를 유지하면 될 일입니다.

허물없이 자신을 보여줄 수 있는 상대를 원한다면, 방법은 과감하게 자신을 보여주는 것뿐입니다. 그것에 따른 반응을 보면 친하게 지낼 수 있는 상대인지 아닌지를 알 수 있지요.

모두에게
사랑받으려고
애쓰지 않기

자신의 유기불안을 극복하고 솔직하게 자기를 보여
주면 상대방도 긍정적으로 받아들이며 자기제시를 합
니다. 그러면 관계가 가까워지고, 서로 인정할 수 있는
길이 열리게 되지요. 만일 상대방의 반응이 좋지 않다
면 더는 가까이할 필요가 없는 상대일 뿐, 그다지 신경
쓸 일이 아니라는 것은 이제는 알고 계시겠지요.

그렇다고 해도 사람들에게 미움받거나 소외당하면

기분이 절대 좋지는 않습니다. 하지만 어쩔 수 없습니다. 세상의 모든 사람과 잘 맞을 수는 없고, 불편한 상대는 누구에게나 있는 법입니다.

상대방이 나를 잘 모르거나 오해하는 것 같으면 온갖 방법을 써서 이해받고자 합니다. 이것도 중요하기는 하지만, 아무리 애써도 이해받지 못하는 때가 있다는 것도 경험해보셨으리라 생각합니다.

가치관이나 성격이 다르면 쉽게 이해받기 힘든 법입니다. 그럴 때는 자신이나 상대방을 탓하지 말고, 훌훌 털어보세요. 모두에게 사랑받으려고 애쓰지 않는 사람일수록 무엇이든 터놓고 말할 수 있는 상대가 있습니다. 나와 맞는 상대가 있는가 하면, 맞지 않는 상대도 있습니다. 자신을 이해해주지 못하는 사람은 당연히 있습니다. 어쩔 수 없다며 깨끗이 받아들이면 상대방의 반응을 의식하며 두려움에 떠는 일도 없어집니다.

이러한 자세를 가지면 과감히 자신을 드러낼 수 있습

인정욕구를 현명하게 다루는 법

니다. 상대방이 부정적인 반응을 보이면 그저 어느 정도 거리를 두는 관계에서 멈추면 됩니다. 실제로 마음을 연 사람을 비웃거나 차갑게 내치는 사람은 거의 없습니다. 용감하게 자신을 보여주면 상대방과 가까워져 친밀한 관계로 발전하는 경우가 훨씬 많을 것입니다.

반대로 모두에게 사랑받고자 애쓰는 사람은 미움받지 않도록 자신을 억누르고, 상대방에게 신경 써가며 어떻게든 맞추려고 하므로 되레 관계가 멀어져 결국 누구와도 친해지지 못합니다. 즉 모두에게 사랑받고자 하면 누구와도 가까워지지 못하는 역설적인 함정에 빠지는 것입니다.

모두에게 사랑받으려고 애쓰지 말 것, 맞는 사람과 맞지 않는 사람이 있다고 깨끗하게 받아들일 것. 이 두 가지가 허물없는 관계를 만드는 포인트라는 점을 꼭 기억하세요.

내 안에 있는
'유기불안'을
체크해보기

지금부터 마음속 유기불안을 체크해볼까요? 자신은 의식하지 못하지만, 마음속 깊은 곳에 자리한 유기불안의 영향을 받아 대인관계에서 소극적인 태도를 보이는 경우가 종종 있을 것입니다. 대인관계 스타일을 어떻게든 바꿔보고 싶다면, 우선은 자신의 유기불안을 이해하는 것이 그 첫걸음입니다.

다음의 각 항목에 자신이 해당하는지 체크해보세요.

인정욕구를 현명하게 다루는 법

☐ 부탁을 받으면 쉽게 거절하지 못한다.

☐ 상대방이 나에게 제안해주기를 기다리는 편이며, 내가 먼저 상
대방에게 제안할 때는 별로 없다.

☐ 되도록 상대방에게 부담을 주지 않으려고 한다.

☐ 상대방의 기분이 좋지 않아 보이면 나 때문인 것은 아닌지 걱정
된다.

☐ 메일을 보냈는데 회신이 오지 않으면 나를 피하고 있는 것은 아
닌지 불안해진다.

☐ 전화 연결이 되지 않으면 불안해져서 몇 번 더 건다.

☐ 타인의 시선을 지나치게 의식하는 탓에 좀처럼 당당해지기가 힘
들다.

☐ 분위기를 띄우기 위해 사람들을 웃길 때가 많다.

☐ 상대방의 기분이 상하지 않도록 말할 때 더 신경 쓴다.

☐ 친구가 제안하면 쉽게 거절할 수 없다.

☐ 어디에 가서 무엇을 하든 늘 친구에게 맞춘다.

□ 반대되는 의견을 말하면 불편해지므로 자기주장은 그다지 하지 않는 편이다.

□ 관계가 깨지는 것이 무서워서 마음대로 행동하지 못한다.

□ 억지로 좋은 사람인 척 연기하는 내가 피곤할 때도 있다.

□ 상대방의 비위를 맞춰주는 말을 한다.

□ 항상 주변 사람들의 눈치를 보는 경향이 있다.

□ 친구와 있을 때면 어떻게든 분위기를 띄우려고 한다.

□ 친구들과 헤어지고 혼자가 되면 피곤이 확 몰려올 때가 있다.

□ 사람들이 나에게만 말을 걸어주지 않으면 매우 불안해진다.

□ 의견 차이로 서먹해지면 내가 먼저 관계를 개선하려고 한다.

　유기불안은 부모와 영유아기 자녀의 애착 관계에 그 뿌리를 두고 있으며, 많든 적든 누구나 가지고 있는 감정입니다. 그렇기에 해당하는 항목이 있을 수밖에 없으며, 해당 항목 수가 많다고 해서 문제가 되지는 않습

니다.

이 체크리스트로는 질병 여부를 판단할 수 없습니다. 다만 해당하는 항목이 많다면 평소 유기불안이 대인관계를 그르치고 있는 것은 아닌지 의심해보아야 합니다. 아울러 이 체크리스트는 진단용보다는 여러분의 마음 속 심리 메커니즘을 살펴보는 용도로 사용하시기 바랍니다.

상대방
그 자체를 보기

필요 이상으로 남을 의식하는 사람과 함께 있다 보면 이상한 점을 발견할 수 있습니다. 그 사람은 타인의 시선을 신경 쓰지만, 정작 상대방 자체는 보지 않는다는 점입니다. 예를 들어, 좋아하는 이성을 바라보는 경우입니다.

'저 사람은 나를 어떻게 생각할까? 나한테 호감이 있

인정욕구를 현명하게 다루는 법

었으면 좋겠는데 자신이 없네. 내 인상이 나쁘지는 않
겠지?'

이처럼 상대방의 눈에 비친 자신의 모습을 신경 쓰는
것 치고는 놀라울 정도로 상대방에게 관심이 없습니다.
기운 없어 하거나 우울해해도 걱정하기는커녕 평소와
달라진 점을 눈치채지도 못하지요. 상사를 볼 때도 자
신이 상대방의 눈에 어떻게 비칠지만 생각합니다.

'내 업무 능력을 제대로 평가해주긴 하는 걸까? 나는
나름대로 노력하고 있는데, 제대로 안 봐주는 것 같단
말이지. 괜찮으려나?'

또 이렇게 불만을 토로하기도 합니다.

'저 사람은 상사인데도 후배가 어떻게 일을 하는지 전

혀 관심이 없네. 후배한테 신경 안 써주면 나중에 힘들 텐데.'

하지만 정작 상사의 입장이나 모습에는 전혀 관심이 없어 보입니다. 거래처 관계자에게 터무니없는 이유로 질책받으며 연신 사과하는 상사를 보고도 응원의 말을 건네주거나 하소연을 들어줄 생각은 없습니다. 그야말로 관심이 없는 것이지요. 이 같은 경우도 심심찮게 볼 수 있습니다.

이렇듯 타인에게 관심이 있는 듯하면서도 결국 관심이 있는 것은 상대방의 눈에 비친 자신의 모습일 뿐, 상대방 그 자체가 아닙니다. '저 사람이 나를 어떻게 생각할까?' 하고 자신에 대한 평가에만 신경 쓸 뿐, 상대방의 입장이나 기분, 컨디션은 전혀 알아채지 못합니다. 애초에 관심조차 없는 것입니다.

상대방의 시선을 의식하지만 정작 상대방 그 자체는

인정욕구를 현명하게 다루는 법

보지 않는다는 것, 이제 아셨겠지요? 자신은 상대방을 신경 쓴다고 생각할지도 모르지만, 정작 신경 쓰는 것은 상대방의 눈에 비친 자기 자신뿐이며, 상대방은 보지 않습니다. 오직 자신에게만 관심이 있고, 상대방은 안중에도 없는 것입니다.

이처럼 자기애에 갇힌 시선을 타인에게 열지 않는 이상 상대방과 가까워지는 것도, 신뢰 관계를 쌓는 것도 불가능합니다. 인정욕구를 채우고 싶다면 타인의 눈에 비친 내 모습에만 집중하지 말고 상대방 자체에 관심을 가지는 것은 어떨까요?

먼저 상대방을
'인정해주자'고
다짐하기

사람의 욕구는 다양하며, 그 강도도 천차만별입니다. 하지만 누구나 마음속에 품고 있는 욕구가 있습니다. 그것이 바로 '상대방이 나를 알아봐주고 인정해줬으면 좋겠다'라는 인정욕구입니다.

세상에는 정말 다양한 사람들이 살고 있습니다. 나와 가치관이나 성격이 다른 사람은 내가 살아가는 방법을 좀처럼 이해할 수 없으며, 인정할 수도 없습니다. 권력

인정욕구를 현명하게 다루는 법

욕이나 신분 상승 욕구가 없는 사람들은 인맥 형성을 위해 마음이 맞지 않는 사람과 억지로 관계를 만들려는 사람의 기분을 이해할 수 없습니다.

기본적으로 타인을 믿지 않는 사람은 순진하게 남을 믿었다가 큰코다치기를 몇 번이나 반복하는 사람의 마음을 모릅니다. 누구와도 거리낌 없이 대화할 수 있는 사람은 남들 앞에서 쓸데없이 긴장하고 머뭇거리는 사람의 기분을 모릅니다. 늘 모두의 중심에 있는 사람은 남들과 쉽게 어울리지 못하는 사람의 기분을 모릅니다. 이러한 가치관이나 성격 차이가 여러 가지 마찰을 낳습니다.

자신은 마음에서 우러나와 한 일인데, 상대방은 되레 불쾌해하거나 앙심을 품을 때도 있습니다. 자신에게는 굉장히 중요한 문제인데, 상대방은 왜 그런 것에 집착하냐며 싫증이나 짜증을 내기도 합니다. 괴로운 마음을 이해해주지 못하거나, 힘든데도 아등바등 노력하는 모습을 전혀 몰라줄지도 모릅니다. 자신의 삶이 통째로 부정당하는 듯한 말을 들을 때도 있습니다.

이렇듯 사회는 이질적인 사람들의 집합체로 이루어져 있습니다. 이 사회에서 살아간다는 것은 자신과 다른 사람에게 인정받지 못하는 경험을 반복하는 것이기도 합니다. 그렇기에 '누군가가 알아줬으면 좋겠다', '내가 살아가는 방식을 인정받고 싶다'라는 마음이 강해지는 것입니다.

쿨한 척하지만 속으로는 '누구라도 좋으니 알아줬으면 좋겠다', '내 삶을 인정받고 싶다'라며 외치고 있습니다. 우리는 우리를 알아주고 인정해주는 상대방이 나타나기만을 기다리고 있습니다.

이 책의 핵심 내용이므로 다시 한번 강조합니다. 타인과 함께 이해하며 살아가려면 자신을 용기 내어 보여줘야 합니다. 속마음을 숨기고 허울 좋은 이야기만 하면 표면적으로는 원만한 관계를 유지할 수 있지만, 서로 이해할 수 있는 관계로는 발전해갈 수 없습니다. 그러니 우선 속마음을 터놓고 타인을 대하는 것부터 시작해볼까요?

하지만 상대방이 어떤 반응을 보일지 생각하기 시작하면 자신을 쉽게 드러낼 수 없습니다. 다만 확실한 것은 어떤 반응이 돌아올지는 아무도 모른다는 점입니다. 상대방이 자신을 알아주지 않아서 상처받을 때도 있겠지만, 그런 것만 신경 쓰다 보면 과감히 자신을 드러낼 수 없게 되겠지요.

누구나 그렇습니다. 불안한 마음은 누구에게나 똑같이 있습니다. 그렇기에 서로 이해하고 인정해줄 수 있는 관계를 쌓으려면 우선 상대방을 이해해주고, 상대방의 삶을 인정해주는 것이 중요합니다. 상대방이 자신을 '알아줬다', '인정해줬다'라고 느끼면, 상대방도 여러분을 이해하고 인정해줄 것입니다.

자신의 불안이나 욕구불만을 해소하고 싶다면, 먼저

상대방의 불안이나 욕구불만을 해소할 수 있도록 도와주는 일부터 시작해보면 어떨까요? 이러한 자세로 타인을 이해하면 서로를 인정해주는 관계로 한 걸음 나아갈 수 있을 것입니다.

인정욕구를 현명하게 다루는 법

끝마치며

인정욕구를 둘러싼 마음의 갈등, 잘 보셨나요? 구체적 사례와 함께 설명해드렸는데요. 책 제목만 보고는 어떤 이야기인지 선뜻 와닿지 않았던 분도 이제는 인정욕구를 어느 정도 이해하셨으리라 생각합니다. 인정욕구, 즉 타인에게 인정받고자 하는 마음은 누구에게나 강하게 나타납니다. 우리는 인정욕구 덕분에 지금까지 성장할 수 있었습니다.

하지만 인정욕구에 휘둘려 괴롭다는 사람들이 요즘 눈에 많이 띄는데요. 인정욕구를 어떻게 채울지 몰라 고민이라는 사람, 사람들에게 주목받고 싶은 마음에 논란이 될 만한 게시글을 올려 비난을 사는 사람, 자신의 지나친 인정욕구를 주체하지 못하는 사람, 이런 사람들이 눈에 띄는 것은 어떤 이유 때문이며, 어떤 사정 때문일까요? 이 의문에 대한 해답은 이미 앞에서 자세하게 설명했으므로 생략하겠습니다.

지금껏 인정욕구에 휘둘리고 있다고 자각하지 못했지만, 이 책을 읽으면서 생각이 바뀐 분들도 있을 것입니다. 앞에서도 강조했듯 인정욕구는 누구에게나 있으며, 꼭 나쁜 것도 아닙니다. 하지만 최근 SNS가 크게 발달하면서 인정욕구가 자극받기 쉬워진 것은 사실입니다. 그래서 인정욕구를 채우는 방법도 모른 채 인정욕구에 서서히 휘둘리게 되고, 매사가 생각대로 풀리지 않으니 우울한 하루하루를 보내거나 이상한 행동을 하게 되는 것이지요. 이러한 시대를 살아가는 우리에게 가장 시급한 과제는 '인정욕구를 잘 다스리고 똑똑하게 다루는 법'을 아는 것입니다.

그래서 5장에서는 인정욕구를 현명하게 다루기 위한 힌트를 적어두었습니다. 그 힌트를 참고해서 자신의 내면에서 꿈틀대는 인정욕구를 똑똑하게 활용해보면 어떨까요? 기본적인 대처법만 익혀둔다면 인정욕구에 휘둘리지 않고, 인정욕구를 원동력 삼아 더욱 성장할 수 있을 것입니다.

오늘날 우리 사회는 인정욕구에 휘둘리는 사람으로 넘쳐나고 있습니다. 이러한 사회 현실을 염려한 크로스미디어 퍼블리싱 네모토 테루히사根本輝久 씨의 제안으로 이 책을 기획하게 되었는데요. 기획 의도에 알맞게 인정욕구의 정체를 밝히고, 인정욕구의 포로가 되기 쉬운 오늘날의 상황을 설명하면서 인정욕구에 휘둘리지 않기 위해 알아두어야 할 비결을 공개했습니다. 이 책이 인정욕구를 이해하는 데 도움이 되고, 인정욕구에 휘둘려 괴로워하는 분들께 조금이나마 위안이 된다면 더할 나위 없이 기쁠 것 같습니다.

인정욕구

1판 1쇄 인쇄　2023년 6월 28일
1판 3쇄 발행　2023년 9월 11일

지은이　에노모토 히로아키
옮긴이　김지선

펴낸이　김봉기
출판총괄　임형준
편집　안진숙, 김민정
교정교열　김민정
디자인　산타클로스
마케팅　선민영

펴낸곳　FIKA[피카]
주소　서울시 서초구 서초대로 77길 55, 9층
전화　02-3476-6656
팩스　02-6203-0551
홈페이지　https://fikabook.io
이메일　book@fikabook.io
등록　2018년 7월 6일(제2018-000216호)

ISBN　979-11-90299-92-3

피카 출판사는 독자 여러분의 아이디어와 원고 투고를 기다리고 있습니다.
책으로 펴내고 싶은 아이디어나 원고가 있으신 분은 이메일 book@fikabook.io로 보내주세요.